Sebastiano Lupo

Don Lorenzo Milani
prete e maestro

Prefazione di
Padre Paolo Solimano

ASSOCIAZIONE
STUDI STORICI
"A. DI RUDINÌ"

A tutti i preti che,
nelle tante Barbiane del mondo,
fanno dono gratuito di se stessi,
per la realizzazione
della saggezza pratica cristiana
e delle esigenze evangeliche.

Caro don Lorenzo aiutaci a privilegiare la parola del Signore e dei poveri che sono la sua parola. Il tuo anticipo sui tempi e la nostra lentezza al futuro è stata la causa dell'incomprensione. Adesso, caro Don Lorenzo, a dividerci non c'è più un muro di carta e d'incenso.

Cardinale Piovanelli

Nota.

A don Paolo Solimano, che curò la presentazione del saggio nel lontano 2001, sono due volte debitore.

La prima per l'apertura di credito che mi fece presentando il saggio. Ma, ancor più, perché, in un anno, ormai imprecisato, mi diede una immensa gioia, di poter sentire dalla viva voce del Cardinale Silvano Piovanelli, un po' della loro storia di vita in comune con don Lorenzo al seminario.

Il Cardinale Piovanelli dirigeva gli esercizi spirituali dei presbiteri della Diocesi di Noto a Canicattini Bagni, nella sede estiva del seminario vescovile della Diocesi di Siracusa. La circostanza di quel piccolo saggio fece scattare la sua curiosità e mi concesse mezz'ora del suo tempo nella narrazione del "don".

INDICE GENERALE

Parte prima
LA VITA E LE OPERE

Parte seconda
DON MILANI
TRA
CHIESA E SOCIETA' CIVILE

Prefazione

Non mi potevano soffrire al villaggio,
e tutto perché dicevo quello che pensavo,
e quelli che mi facevano torto li affrontavo
protestando apertamente, senza nascondere nulla,
senza nutrire segreti affanni o rancori.
È grandemente lodato il gesto del ragazzo spartano
che si nascose il lupo sotto il mantello
lasciandosi divorare senza nemmeno un lamento.
Ma io penso che sia più coraggioso strapparsi il lupo di
dosso
e lottare con lui allo scoperto, fosse pure per strada,
fra polvere e gemiti di dolore.
Forse la lingua è una parte del corpo incontrollabile -
ma il silenzio avvelena l'anima.
Chi vuole mi rimproveri - io sono soddisfatto.
("Dorcas Gustine" da: "Antologia di Spoon River")

Ho accettato volentieri l'invito di Nello a scrivere questa prefazione, sia per l'amicizia, sia perché il tema di questo lavoro
mi appassiona. Quando, qualche anno fa fui costretto, dall'ordine dei miei superiori di allora, ad interrompere gli studi ini-
ziati in scienze dell'educazione, rimase in me insieme al dolore
per questa decisione, la passione e la predisposizione avuta (non
a detta del sottoscritto) fin da ragazzo per questi temi.

Ora riprendo in mano la penna, non da pedagogista ma da prete e da operatore 'in diretta', godendo di intima gioia nel constatare che un mio illustre confratello nel sacerdozio, Don Lorenzo Milani, in tempi certo non facili (ma ci sono in educazione tempi facili?) ha saputo coniugare in 'pedagogia' le istanze del suo sacerdozio.

Sì, perché è proprio dal prete Milani che nasce il pedagogo Milani, come sostiene il presente lavoro aprendo un dibattito che potrebbe portare anche all'interno della chiesa italiana e di Sicilia, oltre che, scontatamente, nel mondo della pedagogia, abbondanti frutti.

È scontato osservare che i tempi sono oggi profondamente diversi da quelli in cui visse il Milani. È indiscutibile il tramonto delle ideologie (sostituite dalle lobby?) ed il venir meno della esasperazione politica. Si può oggi individuare meglio il centro generatore dei pensieri e delle prese di posizione del 'Don', senza semplificare o, peggio, risolvere il discorso in una appartenenza politica. In un momento storico dove potrebbe farsi strada nei giovani sacerdoti una deriva 'ritualistica' e di 'ripiegamento', Don Milani richiama tutti a prendere coscienza che l'aspetto educativo è intrinseco alla vocazione sacerdotale. D'altra parte non molto tempo fa una indiscussa autorità quale il Card. Carlo Maria Martini, propose autorevolmente alla sua Chiesa Ambrosiana una lettera pastorale dal titolo: "Dio educa il suo popolo".

Don Lorenzo è certo in grado di esercitare ancora oggi una forte funzione correttamente critica, indispensabile nel fatto educativo perché rimanga tale, e le pagine di questo piccolo libro hanno il merito di riproporre in modo stimolante i punti nodali con cui si confronta la pedagogia di ogni tempo: rapporto fra educando ed educatore; fra l'oggi ed il futuro; fra teoria e prassi; concretezza dell'intervento.

Da un lato il Milani ci invita a non rimanere invischiati in costruzioni teoriche troppo 'scientifiche' che finiscono per far diventare semplice oggetto pedagogico, colui che invece è il soggetto. Che rischiano di sostituire la conoscenza di amore e compromissione tipica del pedagogo con quella neutra e remunerativa dello studioso. Che rischiano di far credere ad uno studente che ha chiaccherato per tanti esami con competenza sul 'saputo' pedagogico di essere in grado di accompagnare la crescita degli altri. Ma ci chiede pure di rifuggire la presunzione di essere educatori nati e compiuti. Ci chiede di non disdegnare nessuno dei saperi umani e a prendere in considerazione le varie esperienze umane che possono dare un contributo per un servizio migliore all'unico soggetto dell'educazione. Ci invita a non pensarsi autosufficienti nell'educare o gli unici educatori. Anche in questi aspetti si concretizza il carattere compromissorio del fatto educativo. È cioè, una incarnazione reale, fatta di dialogo umile e di confronto aperto con tutto ciò che può aiutare la crescita di quel meraviglioso e misterioso essere che è e rimane l'uomo anche quando manifesta la sua incompiutezza nel bisogno di educazione.

Credo che le parole di quel magistrale ritrattista del cuore umano che fu E. Lee Master citate in apertura di questa prefazione, svuotate di una possibile e fuorviante interpretazione da "eroe solitario", da "unico giusto contro tutti" (alla 'Rambo'!), e collocate invece nel contesto di una reale ricerca del bene comune e della verità in collaborazione con gli altri nel rispetto e desiderio di costruire insieme, ci possano aiutare a sintetizzare efficacemente i tratti della personalità del confratello Don Lorenzo Milani, così, come traspare dalle righe dell'amico Nello. Ma sono anche un fedele ritratto della personalità e del modo di affrontare le cose di Nello stesso.

Per questo non ho dubbi nel dire che queste righe siano da leggere non in senso DEFINITORIO, ma in senso INTERLOCUTORIO. Egli apre il giro (per usare una immagine da sala da gioco) per iniziare un dialogo che porti, come portò Don Milani, non verso la 'confezione' di elaborate teorie pedagogiche, ma verso l'offrire appassionato della vita per la crescita reale di un uomo capace di critica costruttiva.

Per questo non c'è dubbio che si possa dissentire sulle sue affermazioni. Che alcune di esse possano risultare non sufficientemente convincenti o troppo affrettate nel concludere, ma il valore più grande e cercato di queste pagine, sta nel fatto che l'Autore ci rilancia la figura di Don Milani rendendola viva e sanguigna. E lo fa non come un commentatore, ma come un interprete. E come tutti gli interpreti, per empatia.

Per questo mi piace dire, pur sapendo di esagerare, che, in qualche modo e per molti aspetti, queste pagine sono una autobiografia di Nello! E sono offerte non agli studiosi per un dibattito accademico, ma agli uomini come memoria che stimola il dialogo e la comunione vera.

Nella presentazione di questo lavoro Nello sostiene che Don Milani gli fu maestro. Si sbaglia. Mi pare di poter dire, anche se l'Autore forse non se ne avvede, che queste righe lasciano trasparire un Milani accostato meno come maestro, che come padre. Ed è ben giusto! Quando non si ha a che fare con l'educazione intesa nella accezione di insegnamento, ma di crescita della vita, il maestro cede il passo al padre. Anzi, il padre sostanzia il maestro!

Padre Paolo Solimano
Oratorio San Corrado - Pachino

Premessa alla seconda edizione

Decidiamo di dare alle stampe la seconda edizione di **Don Lorenzo Milani prete e maestro**, con la consapevolezza che tale scelta possa non esser vista ed interpretata come un'operazione di nostalgia del tempo andato. Tuttavia corriamo ben volentieri questo rischio perché, crediamo, che i tempi, oggi, siano maturi per riproporre all'attenzione della Chiesa, della scuola, e dell'intera società civile, la figura di don Lorenzo, pastore e maestro, che ha dato un contributo essenziale alla riforma della pastorale evangelizzatrice della Chiesa italiana e della scuola italiana.

Il motivo che ci induce a riproporre questo nostro semplice saggio afferisce all'ambito prettamente religioso.

Chi in quel tempo della storia equivocò sulla prassi milaniana bollandola come ideologica, oggi deve ricredersi. La dottrina sociale della Chiesa afferma in modo inequivoco un principio, che è teologico e non ideologico, che la promozione umana è parte integrante dell'evangelizzazione e che

tutto ciò che riguarda la comunità degli uomini – situazioni e problemi relativi alla giustizia, alla liberazione, allo sviluppo, alle relazioni tra i popoli, alla pace – non è estraneo all'evangelizzazione e questa non sarebbe completa se non tenesse conto del reciproco appello che si fanno continuamente il Vangelo e la vita concreta, personale e sociale dell'uomo[1].

All'elaborazione di quel principio dottrinale don Lorenzo dedicò tutta la sua vita terrena; lo sperimentò nella concretezza della realtà sociale e culturale del tempo, prima nell'azione pastorale a San Donato di Calenzano e, poi, a Barbiana tra i monti del Mugello. Scrisse nel lontano 1957 in Esperienze pastorali:

non mi pare difficile dimostrare che, un parroco che facesse dell'istruzione dei poveri la sua principale preoccupazione e

---

[1] *Compendio della Dottrina sociale della Chiesa*, Libreria Editrice Vaticana, 66.

attività non farebbe nulla di estraneo alla sua specifica missione[2].

Chi, come il cardinale Ermenegildo Florit arcivescovo di Firenze, vide in ciò un suo cedimento alle posizioni illuministiche, che privilegiano il solo momento razionale come principio regolatore dell'esistenza, è presto smentito. Don Lorenzo guarda all'educazione e alla formazione come a uno strumento di promozione culturale e umana, ma sempre nell'ottica di quella formazione religiosa dei suoi parrocchiani, che è il fine ultimo della sua azione pastorale:

come evangelizzatore non può restare indifferente di fronte al muro che l'ignoranza civile pone tra la sua predicazione e i poveri[3].

Chi da sinistra operò una lettura della presenza terrena del Priore di Barbiana solo in termini di *pars destruens*, di sola critica all'esistente, è, ancora oggi, ampiamente smentito. Nel suo pensiero e nella sua pastorale educativa si rileva una ben precisa *pars construens* per rispondere ai problemi del tempo. Oggi quella terapia viene a coincidere con quella proposta da Papa, sicché non è affatto azzardato considerare il don come un modello paradigmatico di quel cammino di riforma che il Santo Padre auspica, oggi, per la Chiesa universale Francesco (cfr. **Lettera apostolica Evangelii Gaudium**). Quel cammino, don Lorenzo lo percorse per intero fino al ritorno alla casa del Padre, nelle sue dimensioni costitutive dell'***uscita***, dell'***annunciare***, dell'***abitare***, dell'***educare*** e del ***trasfigurare***.

Seppe ***uscire*** da sé con molta discrezione, abbandonando la famiglia originaria e i suoi lussi, gli onori di una possibile carriera intellettuale e anche ecclesiastica, per ***annunciare*** e servire Dio negli ultimi, negli umili, nei reietti che la società emarginava ed escludeva. Si fece compagno di viaggio ***investendo sulla formazione*** e sulla promozione umana e religiosa dei contadini del Mugello, educandoli alla legalità, alla responsabilità

---

[2] Don Lorenzo Milani, *Esperienze pastorali*, Libreria Editrice Fiorentina, Firenze 1957, pag. 219.
[3] Ibidem.

e alla scelta di fede libera e cosciente. *Trasfigurò* se stesso accogliendo e amando l'Altro in nome di Gesù crocefisso:

> *Ho voluto più bene a voi che a Dio, ma ho speranza che lui non stia attento a queste sottigliezze e abbia scritto tutto sul suo conto*[4].

Si realizza, oggi, ciò che Don Raffaele Bensi profetizzò quel 26 giugno del 1967, che

> *Don Milani è più per il domani che per l'oggi*[5]

e Francesco Milanese aggiunse:

> *Non credo che Barbiana sia da considerarsi un fatto chiuso nella storia. Io credo che sul suo modo di essere maestro, d'essere prete, ci dovremo interrogare a lungo*[6].

Chiudo questa breve seconda premessa avendo sotto gli occhi e nella mente l'immagine di Papa Francesco in preghiera sulla tomba del "don" a Barbiana. Regalo più grande non poteva fare Papa Francesco ai tanti, tantissimi allievi di don Lorenzo, insegnanti ed educatori che, con fatica, cercano di trasmettere l'insegnamento di questo MAESTRO DI VITA E DI FEDE.

L'autore

---

[4] Testamento (in) *Lettere di Don Lorenzo Milani Priore di Barbiana* (a cura di M. Gesualdi), Arnoldo Mondadori Editore, Milano 1970, pag. 284.
[5] L. Fiorani, *Don Milani tra storia ed attualità*, Libreria Editrice Fiorentina, Firenze 1997, pag. 83.
[6] Ibidem.

Premessa alla prima edizione

Era l'ottobre del 1976, anno particolare, di quelli che lasciano il segno. Coronavo un bel sogno, raggiungevo l'agognato posto di lavoro. Un posto ambito: fare l'insegnante, per me che venivo dall'associazionismo cattolico scautistico, diveniva realtà.

Presi servizio con incarico a tempo indeterminato quale docente di Applicazioni tecniche alla scuola media statale "Marconi" di Torino. Quartiere della Torino-bene, come si diceva un tempo. Ma scoprii, ben presto, di essere stato destinato non al plesso centrale, bello, accogliente, organizzato, con grandi spazi per l'operatività, ma alla sua succursale, che si trovava nella vicina collina di Sassi, proprio sotto Superga, la tomba collettiva del grande e mitico Torino di Valentino Mazzola.

La scuola era statale, allocata in un collegio di preti, si chiamava Città dei Ragazzi. Ospitava, a convitto, fanciulli che provenivano dalle esperienze più amare che la vita potesse riservare a un essere umano. Michele era un ragazzo di 15 anni, alto e robusto, divenuto completamente calvo in seguito al trauma per la morte violenta del padre, due anni di ripetenza. Giuseppe, figlio di separati, minuto, gracile, frequentava la seconda media. Irrequieto, continuamente in movimento, era affetto, come si direbbe oggi, da sindrome da iperattività. Felice, prima media, silenzioso e taciturno, viveva appartato, ricurvo su sé stesso, era sostanzialmente incapace di relazionarsi agli altri.

Tre ragazzi, tre diversi mondi, tre diversi prodotti di quella medesima causa sociale che fu l'emarginazione economica, civile e culturale susseguente al boom economico degli anni '60: sradicamento violento dalla propria terra di origine, deprivazione culturale dei quartieri dormitorio della periferia torinese. L'impatto con quella realtà fu duro e difficile. Non mi restò che chiedere aiuto. Un giovane aspirante insegnante, alle prime armi, cosa poteva fare se non sottomettersi all'autorità indiscussa e indiscutibile di una collega di lettere?

Anziana, alla fine della sua carriera scolastica, discusse con me amorevolmente per ore intere. Non sciolse i miei dubbi, accrebbe, in me, la consapevolezza delle responsabilità che ci si assume quando si sceglie di fare l'educatore. Mi consigliò un libro, Lettera a una professoressa della scuola di Barbiana, mi strinse la mano e mi augurò "buona fortuna". Fu così che "conobbi" Don Lorenzo.

Avevo dimestichezza con preti e suore. Ero cresciuto tranquillamente in mezzo a loro, in un paesino di cultura contadina, nella quiete di una vita serena, lo scorrere lento del tempo, la gioia dei rapporti autentici e veri, lontano dai rumori e dalle tensioni della violenza verbale e materiale dello scontro sociale nella Torino degli anni '70.
Ero abituato al contatto fisico, faccia a faccia, con i miei altri significativi: mio padre, mia madre, mia sorella, il parroco e l'amorevole suora della mia felice infanzia, modelli di socialità e di educazione religiosa.
Ora il quadro cambiava. Non modelli reali in carne ed ossa, ma un libro. Da leggere, da interpretare, da calare nella realtà della quotidianità e rutinarietà di un insegnamento, che fin dal principio tendevo a interpretare come strumento, mezzo per dare risposte, non demagogiche ma reali, a quell'infanzia reietta e abbandonata che il Signore mi aveva messo davanti, quasi a ricordarmi che il periodo delle "castagne" era finito, che cominciava quello ben più importante delle responsabilità.
Lessi e rilessi, due, tre volte quel libro. Non vi trovai le regolette pratiche che a quel tempo, erroneamente, cercavo. Vi scoprii cose ben più importanti, le ragioni del mio impegno professionale: servire gli ultimi, gli emarginati, gli "ignoranti", quelli che la scuola rifiutava, bocciava, allontanava, escludeva. E fu così che il priore entrò prepotentemente nella mia vita, non solo professionale.

A ventiquattro anni da quell'incontro, don Lorenzo rimane, ancora oggi, in una società e in una cultura così diverse da quelle in cui operò, la stella polare, il maestro che guida e orienta, che alimenta, che rinnova l'amore per la scuola, il difensore dei diritti inalienabili di ogni bambino.

Ci ha insegnato che la scuola è e deve essere strumento di mediazione collettiva dell'amore, che il suo fine non è preparare le classi dirigenti del paese ma colmare il divario tra le sue finalità formali che sono, lo ricordiamo, dare cittadinanza e dignità a tutti, nessuno escluso, elevandone istruzione e cultura e le sue finalità reali.

Don Milani ci ha trasmesso che alla base di ogni azione che pretenda di essere educativa c'è l'amore per il bambino, il rispetto della sua dignità di persona, c'è il coinvolgimento e la scelta. Ci ha insegnato la libertà, ci ha dato la consapevolezza che la vera cultura non è quella che si trasmette ma quella che la coscienza produce.

Don Lorenzo mirava a costruirla questa coscienza, come prodotto finale di un'educazione che deve mirare all'acquisizione degli strumenti logico-concettuali che rinforzano abilità che egli riteneva essenziali come il pensiero critico, ciò che egli chiamava ragionare con la propria testa, perché senza queste ogni assenso di fede è mito, superstizione, formalismo, abitudine.

Ma ragionare con la propria testa non era per il priore un vuoto tecnicismo, puro esercizio metodologico. È invece, l'insieme di conoscenze, ragione e valori morali, i soli presupposti su cui può fondarsi una risposta libera e cosciente alla chiamata di fede.

Oggi nasce questo libro. E nasce dal bisogno di esternare un amore filiale per il maestro che esercitò la sua paternità sacerdotale, come felicemente la chiama Liana Fiorani, certamente sui suoi allievi di ieri, ma la estende, da sempre, ai tanti allievi disseminati nelle tante barbiane del mondo, educatori cattolici e no, che sentono don Lorenzo Milani maestro di fede, di riscatto, di libertà e di solidarietà, esercitare una decisiva influenza sul modo di essere e di vivere l'insegnamento.

Sono passati più di trent'anni dal quel 26 giugno del 1967 in cui il priore di Barbiana, vinto dal suo incurabile male, lasciò la vita terrena.

La figura e l'eredità di don Lorenzo sono oggetto, ancora oggi, di accese dispute. L'odio viscerale della destra per questo prete che aveva osato sfidare la tradizione è già noto. La sinistra, che negli anni della sua martoriata esistenza lo osannò, facendone il simbolo della riscossa dei poveri, nel trentennio della sua morte ha manifestato un atteggiamento ambivalente: oscillante tra tentazioni di annessione (la visita del segretario dei D.S. Walter Veltroni a Barbiana) e rifiuto (si trattava pur sempre di un prete). La Chiesa, quella stessa che lo mise ai margini, ora finalmente ne scopre la natura profetica, con tanti singoli pronunciamenti, fra gli ultimi un articolo sull'Osservatore Romano nel giugno del 1997 e le interviste più recenti su Famiglia Cristiana Ormai lontani dal clima incandescente della fine degli anni '60, caratterizzato dallo scontro ideologico e politico fra le due culture egemoni, quella cattolica e quella marxista, si può tentare, oggi, una lettura del pensiero e dell'opera milaniani con maggiore obiettività.

In quegli anni fu fatta una lettura in chiave essenzialmente socio-politica che presentò il priore come il prete rosso, il contestatore, il rivoluzionario e il suo scritto più famoso, Lettera a una professoressa, come il libretto rosso del '68 italiano, definizione che dobbiamo all'attuale ministro alla pubblica istruzione Tullio De Mauro congiuntamente al noto pedagogista di scuola marxista Lucio Lombardo Radice.

Dalla cultura marxista, priva di una dottrina pedagogica sistematica ed organica, e per questo molto attenta a cogliere tutte le occasioni possibili per un'elaborazione dottrinale e teoretica di prassi educative coerenti con i nuclei tematici di pensiero pedagogico engelsiani e marxiani, furono messi in evidenza gli aspetti che più si presentavano funzionali al suo disegno di egemonia sulla società italiana: la denuncia anti-borghese del sistema di sfruttamento e di oppressione delle classi lavoratrici, la critica alla funzione di classe svolta dalla scuola, il disvelamento dei meccanismi di selezione, le istanze pacifiste, il tutto disgiunto dalle motivazioni cristiane da cui profondamente sgorgavano.

La tesi di questo libro è che quella lettura, che non a caso misconobbe l'opera prima di don Milani Esperienze pastorali, fu interessata e di parte.

Il pensiero e la prassi educativa di don Lorenzo Milani, infatti, non possono essere ridotti alla sola pars destruens, alla categoria della pura e semplice contestazione. V'è nel suo pensiero una pars construens che può essere desunta da una lettura comparata dei suoi scritti più famosi: Lettera a una professoressa e L'obbedienza non è più una virtù, con la sua opera prima Esperienze pastorali, la sola che può fornire le coordinate umane, culturali, ma soprattutto religiose, senza le quali ogni pretesa di comprendere il Milani prete-maestro risulterebbe del tutto fuorviante.

La stessa collocazione del pensiero pedagogico milaniano nella storia della pedagogia andrebbe rivista. Alle indiscutibili istanze sociali e libertarie riteniamo vada aggiunta una dimensione teoretica spiritualistica o più precisamente personalistica, che don Milani espresse certamente sul piano della prassi educativa concreta, che fa del priore di Barbiana, a pieno titolo, un autorevolissimo rappresentante del personalismo cattolico contemporaneo.

L'autore

PARTE I
LA VITA E LE OPERE

Vita di Don Lorenzo Milani
(27 maggio 1923 - 26 giugno 1967)

Lorenzo Milani Comparetti nasce a Firenze il 27 maggio del 1923. Cresce in un ambiente familiare culturalmente ricco e stimolante. Il padre Albano è poeta, filologo, conoscitore di ben sei lingue. La madre Alice Weiss, è una donna ebrea molto colta. Lorenzo è il secondo di tre figli: Adriano il fratello maggiore ed Elena la più piccola. Ha tre anni appena quando la famiglia, nel 1930, si trasferisce a Milano, ove tutti e tre i figli ricevono il sacramento del Battesimo.

1. L'adolescenza

Lorenzo adolescente vive i primi segni della conversione religiosa. Chiede al suo parroco di prepararlo alla Prima Comunione. La famiglia, fiorentina, agiata e borghese, ha un atteggiamento laico e distaccato verso la religione e la richiesta del figlio coglie tutti di sorpresa.

A Milano Lorenzo frequenta il collegio dei barnabiti e poi il Berchet ove consegue la licenza liceale nel 1941, a guerra già iniziata. Lorenzo non frequenterà l'università, come il padre vorrebbe; scopre la passione della pittura e si iscrive all'Accademia di Belle Arti a Brera.

Ritornato a Firenze, segue le lezioni di un pittore H. J. Staude. Staude, uomo profondamente religioso, incoraggia il giovane Lorenzo ad applicarsi alla ricerca della spiritualità religiosa nei colori della liturgia. É, probabilmente, l'atto decisivo.

Animo sensibile e aperto alle problematiche sociali, è toccato profondamente da un accadimento. Non sono certe le modalità, se mentre passeggiava o dipingeva. Di certo, un giorno, in piazza Pitti a Firenze, mentre consumava un panino, venne apostrofato da una donna: "*non si viene a mangiare il pane bianco nella strada dei poveri!*".
Fu probabilmente l'inizio della rottura di quel delicato equilibrio interiore che lo teneva ancora legato al suo mondo di privilegi.

La rottura definitiva è ancora lontana. Ci vorranno altri due accadimenti prima che Lorenzo scelga definitivamente la via di "servire il signore".

L'animo di Lorenzo è in tumulto, l'incessante ricerca del senso della vita lo porta all'incontro con un prete, don Raffaele Bensi, che diverrà suo direttore spirituale. E probabilmente è proprio l'intenso dialogo con don Bensi che perfeziona in Lorenzo la vocazione sacerdotale.

Ma l'incontro è preceduto, quasi preparato, da un ultimo accadimento. Ritrova a Montespertoli, nella cappella sconsacrata della tenuta di Gigliola, un vecchio messale. Lettolo, scrive all'amico Oreste Del Buono di quel ritrovamento e del turbamento religioso che ha provocato in lui. Appena un anno dopo, l'8 novembre del '43 entra in seminario a Cestello in Oltrarno. Passeranno appena quattro anni ed il 3 luglio del 1947, ancora ventiquattrenne, Lorenzo riceve il sacramento del sacerdozio dal cardinale Elia Dalla Costa.

Lorenzo fa la scelta di servire Dio servendo gli uomini. Lascia le agiatezze e le sicurezze della vita mondana, rinuncia, sicuramente, ad un tenerissimo affetto e all'amore di una ragazza, Carla, frequentata a Milano nel periodo adolescenziale. Rinuncia al patrimonio di famiglia, in profonda consonanza con la sua severità esistenziale, dirà infatti, "per spogliarmi di ogni privilegio", circostanza questa mai messa nella dovuta evidenza. La madre Alice, con cui avrà un intenso epistolario, non influisce sulle scelte religiose del figlio. Osserva, apparentemente distaccata, i piccoli e i grandi fatti della vita di Lorenzo, ma non manca di dare, in ogni momento della esistenza del figlio, il suo apporto e il sostegno morale e di assistenza.

2. Priore a San Donato di Calenzano

Inizia il 9 ottobre del '47 il primo dei due periodi in cui può essere divisa la sua breve vita sacerdotale: a San Donato di Calenzano elabora il catechismo storico e fonda la scuola popolare.

Nel borgo operaio nasce il nucleo tematico delle sue esperienze di pastore, raccolte nella sua prima opera maggiore Esperienze pastorali, che verrà pubblicata nel marzo del 1958. Passano pochi mesi e quello scritto, pubblicato con l'imprimatur del cardinale Arcivescovo di Camerino Mons. Giuseppe D'Avack, viene ritirato dal commercio ad opera del Sant'Uffizio, che ne proibisce la ristampa perché giudicato "inopportuno".

Esperienze Pastorali è un saggio, un lucido saggio sulla situazione religiosa della Chiesa italiana alla fine degli anni cinquanta, sulle sue attività pastorali e ricreative, sul rapporto tra educazione civile ed educazione religiosa.

Di quel libro diranno, quasi cinquant'anni dopo, due autorevoli storici della Chiesa, Anna Carfora e Sergio Tanzanella, che

Se in Italia si vogliono prendere sul serio le parole di Francesco allora occorre che venga restituita attenzione al più importante libro della Chiesa italiana del Novecento, Esperienze pastorali, di Don Lorenzo Milani[7].

Un'opera dal chiaro intento edificante, una presentazione del cristianesimo chiaramente contrapposta al fenomeno involutivo di una cristianità cristallizzata in un ordine temporale costituito. Il tentativo di difendere un cristianesimo scomodo e impervio, tutto modellato sulla figura di Cristo povero, deriso, umiliato e crocifisso, sull'immagine di una Chiesa militante ma non trionfante.

L'opera viene bollata di disfattismo, di tragicità. A nulla serve la stessa lunga prefazione dell'Arcivescovo di Camerino che dà un giudizio nettamente positivo e cerca di

rendere più esplicita quella sua conclusione, che può apparire tragica e cupa e nera e disfattista, in realtà è sommamente

---

[7] A. Carfora, S. Tanzanella, *Il cristiano tra potere e mondanità 15 malattie secondo papa Francesco*, il pozzo di giacobbe, Trapani 2015, pag. 38.

positiva, e costruttiva, e di importanza vitale, fondamentale ed urgentissima, oggi[8].

Certo, sostiene lo stesso prelato, che l'esame che Don Milani fa alla Chiesa e alle consuete attività pastorali è severo ed inesorabile, tuttavia

si potrà convenire che le Sue conclusioni - forse quasi tutte se non proprio tutte - sono d'accordo col vero spirito della Chiesa;[9].

Agli inizi degli anni '60 Don Lorenzo, già affetto da tubercolosi, viene colpito da quel male che lo divorerà nel giro di un lustro: il granuloma ai polmoni. È già esiliato, a partire dal dicembre del 1954, nei monti del Mugello, a Sant'Andrea di Barbiana, un piccolissimo borgo contadino di poche decine di anime, sparse per le montagne.

3. Priore a Sant'Andrea di Barbiana

Il '54 inizia la seconda fase della vita pastorale di don Lorenzo, durante la quale può esprimere compiutamente il suo pensiero religioso, la sua fede cristiana, il suo sapere pedagogico, nella scelta a favore dei contadini e montanari del Mugello, con i quali fonda la scuola di Barbiana. Da questa esperienza, unica ed irripetibile, nasce un'altra sua opera *Lettera ad una professoressa*, che verrà pubblicata nel maggio del '67, qualche mese prima della sua scomparsa.

Lettera ad una professoressa, nel bel mezzo della contestazione studentesca del biennio '68-'69, diventa il simbolo dei mali della scuola, l'istanza di uguaglianza, parola d'ordine e indicazione della direzione del cambiamento. Una scuola riformata che, nel progetto dei legislatori, doveva eliminare il suo carattere selettivo, rimane ancorata, nella prassi, al vecchio obiettivo di selezionare e preparare la classe dirigente del paese.

---

[8] Don Lorenzo Milani, *Esperienze pastorali*, Libreria Editrice Fiorentina, Firenze, 1957 pp. 9-10.
[9] Ivi, p. 11.

Don Lorenzo, con linguaggio chiaro e semplice, senza cedimenti alla retorica e al sentimentalismo, con ricchezza di riferimenti statistici, ne denuncia i limiti, condanna senza appello la scuola selettiva e classista, la mette a nudo, scopre l'equivoco e le contraddizioni cui sta conducendo l'applicazione concreta della riforma del '61: da una parte le sue finalità formali, cioè la scuola per tutti, dall'altra gli obiettivi reali, l'assolvimento solo formale dell'obbligo scolastico, incapace com'è sul piano didattico e metodologico di curare i malati: la scuola che perde Gianni non è scuola, è un ospedale che cura i sani e rispinge i malati.

É dall'"eremo" di Barbiana, che don Lorenzo, con lo spirito libero che contraddistingue i profeti, irradia il suo messaggio di maestro e pedagogista, di uomo di pace, ma soprattutto di prete che ha scelto fino in fondo di vivere in modo radicale l'insegnamento di Cristo, con una opzione di "parte", sì proprio di parte, a favore dei contadini e dei montanari del Mugello, espropriati, come gli operai di San Donato di Calenzano, della libertà di credere a causa dell'ignoranza nella quale vengono costretti. Una scelta che altri, in anni non lontani, vollero far passare per classista.

E dalla sperduta Barbiana conduce la sua "battaglia" per l'obiezione di coscienza. Con la *Risposta ai cappellani militari*, che gli costerà un processo per apologia di reato, finito con l'assoluzione in primo grado e il non doversi procedere per morte del reo in appello, risponde all'Ordine del giorno dei cappellani militari in congedo della Toscana, pubblicato dal giornale la Nazione del 12 febbraio 1965.

I cappellani considerano l'obiezione di coscienza estranea al comandamento cristiano dell'amore, espressione di viltà. Si coglie proprio nella sua risposta, la distanza che separa il priore da quella parte della Chiesa che, ancorata acriticamente alla tradizione, non riesce ancora a discernere i segni di quel mutamento che il Vangelo richiede, che il Concilio Vaticano II, da lì a poco tempo, renderà esplicito, aprendo la grande stagione moderna dell'impegno universale della Chiesa a favore dei poveri e degli esclusi.

Sulla battaglia civile a favore dell'obiezione di coscienza si misura, più che su ogni altro terreno, la carica profetica di don Lorenzo Milani, quella carica profetica che giustamente fa dire al cardinale Piovanelli: *Il tuo anticipo sui tempi e la nostra lentezza al futuro è stata la causa dell'incomprensione.* Tuttavia don Lorenzo non rivendica per sé questo ruolo profetico. Indica altri come i nuovi profeti che avrebbero cambiato il volto della Chiesa:

Aspettate a insultarli. Domani scoprirete che sono dei profeti. Certo il luogo dei profeti è la prigione, ma non è bello star dalla parte di chi ce li tiene[10].

La difesa dell'obiezione di coscienza misura, anche, la capacità di don Lorenzo di trasferire la sua fede - come dirà P. E. Balducci - totalmente nella sua vita quotidiana con le forme del più assoluto rigorismo ascetico fino all'annientamento di sé e del proprio io.

Ne è testimonianza la Lettera ai giudici che don Lorenzo scrive il 18 ottobre del 1965 e invia, come memoria difensiva, al processo che gli è intentato presso il Tribunale di Roma per apologia di reato e per l'offesa alla Patria e ai suoi caduti.

Don Lorenzo riafferma una verità fondamentale della sua esistenza: l'essere inscindibilmente prete e maestro, e in questa duplice, ma al tempo stesso unitaria veste, fornisce ai giudici del Tribunale di Roma i motivi profondi che sono morali, pedagogici, storici e dottrinali della sua scelta di rendere pubblico, con la lettera, il suo pensiero sull'obiezione di coscienza.

Sul piano etico, ma anche pedagogico, al di là della stessa querelle se la pubblicazione è o no un reato, don Lorenzo afferma che aveva il dovere morale di parlarne, perché è una precisa questione di libertà di pensiero e di parola e

[10] Documenti del Processo di don Milani, *L'obbedienza non è più una virtù*, Libreria Editrice Fiorentina, Firenze 1965, p.19.

*Dovevo ben insegnare come il cittadino reagisce all'ingiu-
stizia. Come ha libertà di parola e di stampa. Come il cristiano
reagisce al sacerdote e perfino al ve-scovo che erra. Come
ognuno deve sentirsi responsabile di tutto*[11].

Don Milani dimostra di comprendere il dramma di giudici
che sono costretti a giudicare sulla base di leggi, non solo ingiu-
ste, ma inadatte a esprimere tutta la valenza e la profondità di
una scelta evangelica che si attui, non sul terreno di un stereoti-
pato pacifismo, generico rifiuto della violenza, bensì su quello
ben più universale della mitezza cristiana.

Appare e riappare, nel pensiero di don Lorenzo, l'orizzonte
valoriale del Discorso della montagna, Parola che orienta e dà
luce all'intera sua esistenza. Legge di Dio cui riconosce il primato assoluto, l'unica che dà diritto all'uomo di disobbedire alle
leggi dello Stato.
Ed è in virtù della mansuetudine, della sete di giustizia, della
sete di pace incarnata nel Gesù di Nazareth che don Lorenzo
accetta oltraggio e persecuzione, per edificare quel suo essere
credente in Cristo, che lo renda capace di testimonianza concreta del Mistero della Salvezza, che don Lorenzo considera
unico mezzo pedagogico che può convertire, che può far vibrare
i giovani di dolore e di fede.

Di lì a pochissimo tempo la Chiesa col **Concilio Vaticano II**
e con l'*Enciclica Pacem in terris* di Papa Roncalli, sancirà definitivamente il valore evangelico dell'obiezione di coscienza,
restituendo a don Lorenzo il maltolto:

*Sembra inoltre conforme ad equità che le leggi provvedano
umanamente al caso di coloro che, per motivi di coscienza, ri-
cusano l'uso delle armi, mentre tuttavia accettano qualche altra
forma di servizio della comunità umana*[12].

---

[11] Ivi, p. 34.
[12] P. Reginaldo Iannarone, *Tutti i documenti del Concilio Ecumenico
Vaticano II, Costituzione Gaudium et Spes 79*, Edizioni Domenicane
Italiane, 2 ed., Napoli 1966, p. 668

Il priore muore il 26 giugno del 1967 a Firenze, a soli 44 anni, dopo una breve ma intensissima esistenza spesa nell'amore di Dio attraverso i poveri:

Ho voluto più bene a voi che a Dio, ma ho speranza che lui non stia attento a queste sottigliezze e abbia scritto tutto al suo conto[13].

Le spoglie terrene sono conservate nel piccolo cimitero della sua amatissima Barbiana.

---

[13] Testamento, in *op. cit.*, pag. 284.

Esperienze Pastorali
(marzo del 1958)

Esperienze pastorali venne pubblicato con l'Imprimatur del cardinale Elia Dalla Costa, allora vescovo di Firenze e con una lunga prefazione dell'arcivescovo di Camerino Giuseppe D'Avack.

Lorenzo Milani è conosciuto al pubblico degli specialisti pedagogici e dell'educazione per la nota Lettera ad una professoressa.

Siamo al prologo della contestazione studentesca del biennio rosso '68-'69 e questo libro, che dissacra la scuola italiana, quella stessa scuola che, tenta faticosamente di riformare se stessa, dandosi una struttura e delle finalità più moderne, orientate a criteri di giustizia sociale (Legge istitutiva della scuola media unica n° 1859 del 31 dicembre 1962), diventa il simbolo di quel cambiamento. Scriveranno, infatti, un decennio più tardi, il linguista Tullio De Mauro e il pedagogista Lucio Lombardo Radice direttore della rivista di politica scolastica del P.C.I. "Riforma della scuola":

Dopo Lettera a una professoressa che fu il "libretto rosso" del 1968, dopo cioè, una presa di coscienza di massa del carattere privilegiato, di classe di un certo modo di fare scuola, e di fare cultura a scuola, la strategia della selezione massiccia e brutale entrò in crisi[14]

L'analogia con il libretto rosso della rivoluzione culturale cinese, pensiamo sia ovviamente del tutto simbolica. Tuttavia ci sembra espressione, più latente che esplicita, di un abito mentale che la cultura di sinistra, specificatamente quella marxista, non ha mai perso. Una mentalità che non tende alla ricerca di orizzonti unificanti capaci di costruire una casa comune che sia equa e solidale, pur nel rispetto delle diversità, ma mira, egoisticamente, ad annettersi e ad omologare al proprio progetto politico e culturale ciò che di innovativo emerge in altri ambiti, nel caso in specie nel mondo cattolico.

Ne è prova il tentativo di strumentalizzazione, a fini politici, dell'altro scritto del priore ***La risposta di don Lorenzo Milani ai cappellani militari*** che viene pubblicata dal settimanale del P.C.I. Rinascita di cui è direttore Luca Pavolini, suo amico di gioventù e che fa dire allo stesso priore che quelle idee e quelle posizioni sono del tutto estranee alla cultura comunista.

---

[14] Introduzione di Tullio De Mauro e Lucio Lombardo Radice, *I nuovi programmi della media inferiore*, Editori Riuniti, Roma 1979, pp. 11-12.

Due scritti che furono pubblicati a distanza di due anni l'uno dall'altro, nel clima rovente dello scontro ideologico e politico che preparò la contestazione studentesca e le lotte sindacali dell'autunno caldo del '69, la cui lettura risentì, non poco, di quel clima politico e culturale.

1. Contesto culturale, politico e religioso

Siamo all'inizio dell'era delle grandi comunicazioni e i partiti di massa della sinistra, e in special modo il partito comunista, attraverso i loro grandi apparati propagandistici, tentavano di costruire un'egemonia culturale che facesse da base per la conquista del potere politico. La situazione internazionale, che grazie all'opera dei presidenti Kennedy e Kruscëv, aveva vissuto un periodo di distensione susseguente alla crisi dei missili (16-21 ottobre 1962), torna a farsi rovente, dopo l'assassinio del presidente americano e la caduta del premier sovietico Kruscëv nell'ottobre del 1964. L'Italia, per la sua peculiarità di paese al confine tra i due blocchi, ma anche, per la presenza del più grande partito comunista dell'occidente che fa avanzare ad Alberto Ronkey la famosa teoria del fattore "K", vive internamente le congiunture politiche internazionali in modo assai traumatico, percorsa da fremiti pacifisti che reclamavano la fine delle guerre imperialiste (guerra del Vietnam), da richieste di una maggiore cooperazione politica ed economica tra le super potenze, di maggior controllo e limitazione della corsa agli armamenti, e, sul piano interno, dalla richiesta di una maggiore democrazia politica e nelle relazioni economico-sindacali.

Non si può dire che la Chiesa fosse estranea a quest'ansia di cambiamento. Di fronte alle spinte consumistiche del dopoguerra, all'affermarsi di una mentalità edonistica e materialistica, al diffondersi di comportamenti soprattutto in campo sessuale ispirati a principi di relativismo etico, all'emergere delle nuove povertà, all'affermarsi, al suo interno, di un'istanza di pace autenticamente ispirata alla testimonianza evangelica, grazie al sapiente magistero di Giovanni XXIII, risponde con una maggiore apertura e attenzione alle mutate condizioni culturali, sociali ed economiche del paese. Culmine di questo processo innovativo è, indubbiamente, il Concilio Vaticano II, che porta a compimento il lungo lavoro del mondo cattolico italiano.

Il travaglio interno al cattolicesimo italiano, soprattutto politico, regolato (non senza plausibili ragioni) dalla paura del comunismo, si può schematicamente evidenziare nello *scontro* tra due opposte tendenze: il conservatorismo integristico che mira a conservare una società interamente cristiana, chiusa ed arroccata, tesa alla conquista più che alla evangelizzazione e un'ala "democratica" portatrice di una nuova cristianità centrata su istanze ecumeniche, di dialogo col mondo anche non cristiano, di apertura alla dimensione socio-politica dell'agire cristiano.
Esprime molto efficacemente e con molto anticipo questa posizione Giorgio La Pira:

É tempo di costruire: tempo eccezionale della storia della Chiesa; finisce un'epoca, e una nuova ne sorge; qualcosa di analogo a quello che avveniva all'alba della Chiesa e all'alba del 1000: quale gioia poter collaborare alla costruzione di una cristianità nuova! Fede ci vuole, una fede viva e un amore appassionato; amore per Gesù e per la sua Chiesa; amore per questa umanità disastrata che cerca un punto di riferimento al quale riferirsi per risorgere dalle rovine dalle quali è sepolta![15].
Di questo orientamento democratico e minoritario è parte anche don Lorenzo Milani. É proprio per questa appartenenza culturale, la sua vicenda personale, finisce per essere letta secondo ottiche essenzialmente ed unicamente socio-politiche, aspetto certo importante del suo credo, che assume però significato umano e religioso solo all'interno di quell'esperienza di vita unica ed irripetibile che è la testimonianza di un grande uomo di fede, che fa dell'impegno educativo, vangelo in atto, attraverso una scelta preferenziale a favore dei poveri e degli emarginati.

---

[15] Lorenzo Piva, *Giorgio La Pira L'eterno nel tempo dell'utopia del Regno per trasformare la storia*, Edizioni San Paolo, Cinisello Balsamo 1997, p. 174.

É un caso che, ancor oggi, il grande pubblico misconosce l'opera fondamentale di don Lorenzo *Esperienze pastorali*, quella stessa opera di cui *Lettera alla professoressa* è naturale compimento e senza la quale la stessa vita del priore di Barbiana sarebbe comprensibilmente la vita di un comune, sconosciuto pastore di anime? Pensiamo proprio di no.

Per comprendere, nella sua poliedrica dimensione, il pensiero milaniano, non ci si può fermare ad una lettura unilaterale centrata sulle due opere citate. Bisogna allargarla alla sua opera prima che è Esperienze pastorali. Esperienze pastorali ci dà la cornice ideale e teorica, entro cui tutto il pensiero milaniano trova una ricomposizione unitaria e dal quale bisogna necessariamente partire, perché ha in sé le coordinate umane, religiose e di fede, che orientarono l'opera del priore di Barbiana.

Don Lorenzo opera in un clima e in una situazione culturale e religiosa per molti versi unica ed irripetibile, agli inizi degli anni '50, gli anni dell'ondata migratoria del sud. É la Firenze del cardinale Elia Dalla Costa, di don Giulio Facibeni, di Giorgio La Pira, di padre Ernesto Balducci, e della organizzazione caritativa San Vincenzo de' Paoli. Persone diverse, che provengono da mondi diversi, diverse aree geografiche, formazione culturale diversa, ma accumunate da una medesima esperienza di fede, che si esprime nella scelta preferenziale dei poveri.

Elia Dalla Costa, cardinale arcivescovo di Firenze, non solo non ostacola, ma rende possibile quell'esperienza religiosa, che diverrà la base dello stesso laboratorio politico della sindacatura di Giorgio La Pira nel 1951. Quando viene rimosso, nel 1954, e al suo posto arriva il cardinale Florit, a normalizzare una situazione che politicamente stava diventando pericolosa per gli equilibri politici nazionali, si comprende quanto preziosa sia stata l'opera di Dalla Costa, ma anche di D'Avack, e come amorevolmente avevano protetto quel *laboratorio religioso* dalle incursioni della curia romana. Lo conferma lo stesso don Lorenzo, allorché finalmente si decide (su consiglio del suo consigliere spirituale don Oreste Bensi) a scrivere all'Arcivescovo di Camerino, il nove novembre del '58, per fargli il resoconto delle reazioni che ha suscitato la pubblicazione del libro. Afferma infatti:

Comincerò col dirle che io non ho avuto nessuna noia né richiamo, né da Roma, né da Firenze. Voglio sperare che così sia stato anche per lei, mi dispiacerebbe troppo pensare che dopo il gran bene che ella mi ha vo-luto coprendomi con le sue materne ali, ella dovesse aver ricevuto qualcuno degli spregi che mi aspettavo per me e che invece non ho ricevuto[16].

Dalla lettera emerge interamente la grande umanità di don Milani. Volutamente frainteso, per poterlo attaccare nelle sue intuizioni pedagogiche e religiose, che richiamano, con inusitata *violenza* dialettica, la coscienza del perbenismo borghese ai doveri della solidarietà sociale e della carità cristiana, don Lorenzo è oggetto di critiche feroci, anche sul piano della formazione caratteriale. Sopportò con grande umiltà e spirito di rassegnazione, dimostrando, invece, una dolcezza di sentimenti che egli stesso probabilmente volle coprire, non per pudore, ma per rimanere fedele al compito e al ruolo cui sentiva di essere stato chiamato: annunciare l'avvento, l'avvento di un'era nuova, l'era della scelta definitiva e senza ritorno della Chiesa a favore dei poveri, non solo dei poveri analfabeti di San Donato Calenzano e Sant'Andrea di Barbiana, ma dei poveri e degli emarginati di tutto il mondo:

Star sui coglioni a tutti come sono stati i profeti innanzi a Cristo. Rendersi antipatici noiosi odiosi insopportabili a tutti quelli che non vogliono aprire gli occhi sulla luce. E splendenti e attraenti solo per quelli che hanno Grazia sufficiente da gustare altri valori che non siano quelli del mondo[17].

E per far questo dovette mettere da parte sentimenti ed affetti.

É la Firenze di **don Giulio Facibeni**, un prete fiorentino che non è arrivato agli onori della cronaca nazionale, "un santo" lo definì don Lorenzo. Anch'egli è protagonista di un'esperienza unica e probabilmente irripetibile: fondò un orfanotrofio per bambini e ragazzi abbandonati "La Madonnina del Grappa",

[16] A Mons. Giuseppe D'Avack – Camerino, in *op. cit.*, p. 92.
[17] A Don Ezio Palombo – Prato, *op. cit.*, p. 47.

ma, quel che è più straordinario, fu finanziato dagli operai delle officine Galileo.

Altro uomo simbolo della primavera fiorentina: *Giorgio La Pira*. Siciliano di Pozzallo, diviene sindaco di Firenze nel 1951 e vi resta fino alla normalizzazione avvenuta nel '65. È, anche questa, un'esperienza politica e amministrativa unica e irripetibile in quegli anni. Sa tradurre sul piano politico le istanze che sgorgano dalla sua profondissima fede, dialogando con tutti, cattolici, laici e marxisti. La Pira porta entro le fabbriche, agli operai stremati da lunghe lotte sindacali, non solo la solidarietà umana, ma anche uno spirito di condivisione cristiana, che non di rado sfocia nella celebrazione della Parola e dell'Eucarestia, entro le mura delle stesse fabbriche occupate.

Certamente l'apporto più consistente La Pira lo dà al problema della Pace. Come sindaco di Firenze promuove i *Convegni internazionali per la pace e la civiltà cristiana*, nel periodo che va dal 1952 al 1956, il *Convegno dei sindaci delle grandi città* e i *Colloqui del Mediterraneo*, gettando un ponte verso il dialogo e la solidarietà, non solo all'interno delle grandi religioni monoteiste ma, anche con la cultura laica e socialista. Le iniziative a favore della pace e dell'unità del mondo fanno emergere la cultura universalistica di Giorgio La Pira, che divenne in breve tempo

un simbolo, un uomo-ponte di pacificazione universale, anello di congiunzione tra i popoli della Terra[18].

E in questa veste di messaggero di pace girò il mondo dalla Russia di Kruscëv agli Stati Uniti di Kennedy, dall'Inghilterra alla Jugoslavia di Tito, fino al Vietnam di Ho Chi Minh, realizzando ovunque gemellaggi di amicizia, di fratellanza e di collaborazione culturale.

Altra figura emblematica di quella che sarà chiamata la *primavera fiorentina* è *padre Ernesto Balducci*. Prete dell'ordine degli Scolopi, nel 1958 fonda a Firenze il periodico cattolico Testimonianze. Proveniente da una famiglia povera (è figlio di minatori), dedicherà tutta la sua vita, fino alla morte traumatica

---

[18] Lorenzo Piva, *op. cit.*, p. 63.

per incidente stradale avvenuta il 25 aprile del 1992, ai poveri e ai giovani del "Cenacolo" nella comunità religiosa della Badia Fiesolana.

Don Lorenzo veniva, invece, da un'esperienza del tutto diversa. Estraneo a quel clima religioso, a quella cultura della sofferenza, lui, che era cresciuto tra nurse che parlavano diverse lingue, dimentica in fretta, con un passaggio repentino e radicale, i privilegi della sua condizione alto-borghese e abbraccia senza tentennamenti la causa dei poveri, degli emarginati, dei senza parola, con una sete di povertà che, sostiene lo stesso Balducci, si può spiegare solo psicanaliticamente con

la sua voglia di autopunirsi, di dimenticare perfino nelle fibre della sua carne l'agiatezza della sua infanzia[19].

2. Scuola popolare ed educazione religiosa

Il 18 aprile del 1948 la D.C. ottiene il 48,5% dei voti alle elezioni e la maggioranza assoluta dei seggi alla Camera dei deputati. La vittoria del partito di ispirazione cattolica, guidato da Alcide De Gasperi, è il frutto, anche, della capacità di mobilitazione e di organizzazione del mondo cattolico attorno alle parrocchie e ai comitati civici. É un anno fondamentale, anche per don Lorenzo, che, certamente vive senza tanto entusiasmo, il far parte, più per obbedienza che per convinzione, della schiera dei vincitori. Ma è, probabilmente, da lì, da quel 18 aprile che inizia la sua riflessione e la ricerca di una nuova pastorale parrocchiale, di un più moderno ruolo della parrocchia, di una cultura religiosa degli adulti che sa essere "praticamente nulla" e che vuole affrancare dal mito, dalla superstizione e dall'abitudine. Emblematico, in tal senso, è proprio l'inizio di Esperienze pastorali, la conclusione di quel paragrafo iniziale sul Catechismo che fa dire a don Lorenzo che v'è

---

[19] Ernesto Balducci, *L'insegnamento di don Lorenzo Milani*, Editori Laterza, Roma-Bari 1995, p. 80.

un abisso d'ignoranza religiosa degli adulti del nostro po-
polo (che) prova che il molto catechismo che ricevono i ragazzi
non lascia nessuna traccia di sé al di là dell'età infantile[20].

Dunque, il priore va dritto al cuore del problema. Don Lorenzo padroneggia a perfezione la tecnica dell'indagine statistica e sa trarre lezione dall'esperienza e dalle cose concrete e
reali. E l'esperienza gli fa riconoscere che un quinto della istruzione complessiva di un ragazzo è dedicata alla formazione religiosa, e, tuttavia, a 13-14 anni i maschi, leggermente più tardi
le femmine, abbandonano (ignoranti) la dottrina, e l'insegnamento catechistico risulta inefficace.

Emerge, già, il Milani pedagogista, che sa ricercare i fattori di
questo insuccesso. Il testo catechistico innanzi tutto, inadatto a
scolaresche analfabete o semi-analfabete; le maestre che hanno
scarsa autorità; i locali inadeguati e mobili; i ragazzi demotivati
e disinteressati; infine, i preti, pochi, che non possono supplire
le maestre assenti.

É, in embrione, la prima riflessione di don Lorenzo sul ruolo
negativo e sulla scarsa incidenza della pratica educativa nella
formazione della personalità del fanciullo. La proposizione
della lezione dei fatti, che ancora oggi ha una evidenza fuori da
ogni ragionevole dubbio: la correlazione esistente tra l'estrazione socio-culturale della famiglia e il successo scolastico dei
figli.

Certo il priore non ha utilizzato le sofisticatissime moderne
tecniche di ricerca ma è arrivato con i suoi semplici strumenti
di indagine statistica ad affermare questo principio che, ancora
oggi, lega gli esiti dell'esperienza scolastica all'estrazione culturale della famiglia di appartenenza e dimostra, per converso,
l'inconsistenza o lo scarso peso della prassi didattica, per cui
possiamo affermare che esiste uno iato tra le finalità formali di
una scuola per tutti e le sue finalità reali:

Per i ragazzi delle età qui considerate è oggi ancora la fa-
miglia l'unica determinante dell'indirizzo religioso e politico[21].

---

[20] Don Lorenzo Milani, *op. cit.*, p. 51.
[21] Ivi, p. 45.

Sembra, a una prima lettura, che in don Lorenzo non vi sia ancora quella consapevolezza dell'inadeguatezza dell'organizzazione didattica, conseguenza di un'interpretazione di classe, di quella borghese, delle finalità della scuola, che emergerà in tutta la sua portata, in Lettera ad una professoressa. Afferma, infatti:

Qualsiasi sforzo del prete, della maestra, delle associazioni cattoliche o comuniste in contrario è, a nostro avviso, completamente buttato via[22].

Tuttavia comincia già ad emergere il nesso, che sarà il filo conduttore di tutta l'opera, tra istruzione religiosa e istruzione civile. Chiamato a rispondere sulle cause di questo insuccesso educativo, don Lorenzo non attraversa ancora il guado, non dà una spiegazione universale, si rifugia nel particolare, in un esempio laterale la Benedictio mulieris post partum. Qual è la causa di questa convinzione radicata che vuole la sposa, che ha partorito, impura fino a quando non si è purificata (rientrare in santo)? Don Lorenzo addita come cause le idee poco chiare che gli adulti hanno sul matrimonio, sul peccato. Certamente idee poco appropriate su cristianesimo ma soprattutto:

un substrato di tale incapacità a parlare e a intendere che i continui insistenti chiarimenti del prete non scalfiscono nulla[23].

Siamo appena all'abbozzo di Esperienze pastorali e il priore annuncia già quello che sarà il filo conduttore di tutta la sua vita terrena, la scuola popolare come strumento di mediazione rispetto alla sfera dell'educazione religiosa, l'educazione civile propedeutica alla formazione religiosa:

Resterebbe poi da affrontare il problema della istruzione religiosa degli adulti come problema a sé, di sana pianta diverso.

È nostra opinione che la sua soluzione dipenda oggi strettamente dalla soluzione di quello dell'istruzione civile. Ed il motivo è che, dopo tutto, l'istruzione religiosa che occorre per vivere da buon cristiano è in fondo poca cosa. Se la sua diffusione

---

[22] Ibidem.
[23] Ivi, p. 50.

nel nostro popolo è parsa finora una chimera non è per sua intrinseca difficoltà, ma solo per mancanza del mezzo indispensabile cioè un mi-nimo di preparazione linguistica e logica.
L'esperienza fatta nella Scuola Popolare ci dice che quando un giovane operaio o contadino ha raggiunto un sufficiente livello di istruzione civile, non occorre fargli lezione di religione per assicurargli l'istruzione religiosa. Il problema si riduce a turbargli l'anima verso i problemi religiosi. E questo, col lungo contatto assicuratoci dalla scuola, ci è risultato estremamente facile[24].

3. La Fede tra mito, indifferenza e abitudinarietà

Il tradizionalismo cattolico definì tragica e cupa e nera e disfattista l'analisi lucida e finemente articolata che il priore fece della religiosità del suo popolo, una religiosità che la ragione reale dimostrò essere indifferente, abitudinaria e mitica, senza compromissioni esistenziali.
E ciò, nonostante avesse ottenuto l'imprimatur del cardinale di Firenze Elia Dalla Costa e la lunga e positiva prefazione dell'arcivescovo di Camerino monsignor Giuseppe D'Avack.
Perché tanta ostilità verso quell'opera che lo stesso D'Avack definì

in realtà sommamente positiva, e costruttiva e di importanza vitale, fondamentale ed urgentissima oggi[25]?
Certamente per la sua carica profetica, che disturbava e non poco l'ordine esistente.
A quarant'anni di distanza appare in tutta la sua radicalità il decisivo ruolo che il priore svolse all'interno di quel processo di modernizzazione della Chiesa italiana, che con immagine suggestiva, ma piena di significato, Lorenzo Piva ha definito come

---

[24] Ivi, 51.
[25] Ivi, p. 9.

una linea di demarcazione, pur senza rotture, tra il prima e il poi, tra l'antico e il nuovo, tra due modalità di approccio al mondo: di conquista prima, di lievitazione-fermento poi[26], lo spartiacque nella complessa storia delle relazioni della Chiesa con il mondo e soprattutto con la modernità che fu il Concilio Vaticano II.

É accertato che don Lorenzo seguì con distacco, forse anche con indifferenza, i suoi lavori, forse perché erroneamente scettico, (a conti fatti), sulle possibilità di un cambiamento dell'indirizzo pastorale nel breve periodo. E, tuttavia, di quel cambiamento il priore fu anticipatore e profeta, non il solo certamente, ma uno fra i tanti che compresero in anticipo e mostrarono con la coerenza di una vita di rinunce, di povertà e di prossimità, che

l'avvenire al quale tende la Chiesa è qualcosa che già comincia sulla terra e che esige, quindi, l'impegno anche per le cose temporali[27].

Ma all'estensore di Esperienze pastorali dobbiamo l'intuizione profetica della scuola popolare, non più e non solamente strumento di mediazione rispetto alla sfera religiosa, ma

vangelo in atto, strumento di illuminazione evangelica[28].

Il Concilio rese giustizia alla felice e profetica intuizione di don Lorenzo. Pochi, forse più nessuno, oggi nella Chiesa, osano non ammettere che

è compito sommamente confacente al nostro tempo, specialmente per i cristiani, lavorare indefessamente perché tanto in campo economico quanto in quello politico, tanto sul piano nazionale quanto sul piano internazionale, si affermino i principi fondamentali, mediante i quali sia riconosciuto e attuato dovunque il diritto di tutti a una cultura umana conforme alla dignità della persona, senza distinzione di stirpe, di sesso, di nazione, di religione o di condizione sociale[29],

---

[26] Lorenzo Piva, *op. cit.*, p. 170.

[27] Ivi, p. 168.

[28] Ernesto Balducci, *op. cit.*, p. 41.

[29] P. Reginaldo Iannarone, *op. cit.*, p. 644.

e che il magistero pedagogico non è solamente un dovere sociale e civile, né prerogativa esclusiva di maestri e professori, ma si inserisce, a pieno titolo, nella più ampia ed articolata attività pastorale, cui la Chiesa chiama tutti i cristiani, singolarmente ed in gruppi, ovunque operino, a lavorare per rimuovere le nuove forme di schiavitù sociale e psichica testimoniando con la propria vita che

la formazione della persona e la coltivazione del sapere costituiscono dimensione essenziale dell'annuncio del Vangelo di Cristo, sorgente inesauribile di vita[30].

Tuttavia questa intuizione è resa possibile e si comprende solo a partire dalla critica che il priore fa delle attività pastorali, che cerca di emendare proprio in vista di un obiettivo più alto che non la semplice educazione civile: colmare lo iato esistente tra scelta di fede e impegni di vita cristianamente vissuta. Una critica mirabilmente riassunta, nelle pagine finali del capitolo primo intitolato Fede e Sacramenti, in quei nove punti che rappresentano il primo quadro delle idee base sulla religione:

La religione è roba da ragazzi.

La religione è roba da donne.

Il peccato originale sull'anima fa meno male d'una infreddatura.

La Confessione serve per fare la Comunione. Lo stare in grazia di Dio non è dunque un problema quotidiano. O meglio: non è il problema quotidiano fondamentale del cristiano.

La Comunione non è un Dono ma un obbligo.

La Comunione serve per celebrare le feste. La Presenza del Salvatore nell'Eucarestia non è dunque reale, se no nessuno aspetterebbe le feste per assicurarsi coll'Eucarestia la salvezza.

La religione è solo adempimento di rito e non importa con sé impieghi di vita o di ideologia.

La religione è nel suo complesso fatto di insignificante è portata:

Non vale la piega dei calzoni.

---

[30] Documento della Conferenza Episcopale Italiana, *La comunità cristiana e l'università, oggi in Italia*, prima parte, aprile 2000.

Non vale quanto una buona dormita. Non vale quanto l'opinione degli altri su di noi (tutti i fenomeni di rispetto umano, dalle genuflessioni mancate o storpiate, al modo di stare in chiesa, all'atteggiamento di fronte alla processione (pag. 89) ecc.

Non vale quanto il denaro (lavoro domenicale pag. 57) o il divertimento (caccia, ecc.).

L'Olio Santo è un Sacramento spaventoso, il buon figliolo cura che i genitori non s'accorgano di riceverlo (pag. 106). La morte stessa è un salto nel buio e il pietoso boia copre gli occhi del condannato con un cappuccio. Se ha un cancro gli dice che è infiammazione, se è tisico gli dice che è bronchite, se ha i minuti contati gli dice che vivrà altri 100 anni.

In conclusione i grandi non credono nell'Al di Là perché curano che i loro cari vi si incamminino nell'incoscienza e impreparati a quell'unico irrimediabile esame[31],

che trova piena conferma nell'altro quadro, il secondo, l'intervista col giovane maomettano che vuol conoscere le percentuali dei credenti dalla parrocchia del priore, e al quale don Lorenzo risponde con linguaggio provocatorio, scarno, ma efficace e chiaro:

Maschi adulti
Battesimo... ... ... 100%
Mezz'ora di Culto Esterno la settimana (la Messa di precetto)... ... ...16,1%
Istruzione religiosa cattolica... ... ... 100%
Scelta dell'ideologia cristiana nell'atto di Sovranità Popolare (1946)... ... ...20,9%
Preferenza del prete quale Ufficiale di Stato Civile nel Matrimonio... ... ...99,7%
Preferenza del prete quale accompagnatore del sepolcro... ... ...100%
Ricerca quotidiana o almeno settimanale di un Pane di cui Gesù ha detto che chi non lo mangerà non avrà la Vita Eterna... ... ...0%

---

[31] Don Lorenzo Milani, *op. cit.*, pp. 120-121.

Ricerca di quel Pane una volta l'anno perché invitati da un pre-
ciso precetto della Chiesa...... ... ...41%[32].

Il quadro che il priore presenta ai suoi confratelli e superiori
è, certamente, impietoso, ma non per questo pessimista e disfattista. La sintesi che abbiamo riportato è la naturale conclusione
di un'analisi lunga ed articolata, con la quale passa ai raggi X le
attività pastorali, le intenzioni ed i modi con cui i suoi parrocchiani si avvicinano ai Sacramenti.

Innanzi tutto l'Eucarestia, il centro ed il motore di tutto il Mistero della Redenzione, è praticata più dalle donne che dagli uomini, e don Lorenzo non può che limitarsi a lanciare alcune ipotesi di ricerca:

Potrebbero essere motivi legati alla particolare costituzione
della forma mentale femminile. Il lettore potrà in tal caso con-
sultare utilmente gli studi degli psicologi[33].

Il priore non può tacere della questione più generale della

violazione del riposo festivo (che implica una diretta offesa
alla sovranità di Dio e alla dignità dell'uomo)[34].

Don Lorenzo accusa motivazioni di ordine sociale e sindacale
ma fa risalire, in definitiva, le cause alla mentalità corrente è
cioè alla non perfetta coscienza della gravità della violazione
del precetto. Non dubita che il fatto stesso che i suoi parrocchiani vadano a messa possa esser segno di un residuo di fede,
come afferma il proposto.

Il sentimento che immediatamente balza evidente all'osserva-
zione attenta del priore è l'indifferenza. Un'indifferenza pubblicamente ostentata, che si esprime nell'ingresso a messa già iniziata, nel cercare i posti più lontani, nello sfuggire le panche,
per non sentire l'imbarazzo di dover seguire le varie fasi della
celebrazione in modo pertinente, sì da preferire di stare sempre
in piedi.

Un quadro, come si evince, dipinto a tinte fosche, ove però
non mancano, certamente, elementi di ottimismo. É l'ottimismo

---

[32] Ibidem.
[33] Ivi, p. 119.
[34] Ivi, p. 58.

moderato che don Lorenzo promana allorché, con il supporto inoppugnabile dell'analisi statistica, dimostra che è in atto un rovesciamento di abitudini nelle giovani generazioni, che hanno imparato il valore vero ed autentico della Comunione e sanno discernere tra obbligo ed esigenza interiore:

É chiaro dunque che i giovani hanno ormai imparato a disgiungere il concetto di Comunione da quello di atto di culto collettivo e anche da quello di obbligo. Ed è lecito sperare che essi si muovano ormai verso il Sacra-mento per motivi quasi sempre interiori[35].

E qui ritorna l'idea di fondo di tutto il libro, il legare la coerenza e la sua stabilità nel tempo a quei fondamenti intellettuali che la vecchia generazione non possiede e che quella nuova, quella di San Donato di Calenzano, ha acquisito tramite la Scuola Popolare. Dunque, per il priore, la crescita nella fede dei suoi giovani parrocchiani è il

frutto dell'elevazione mentale provocata dalla scuola[36].

La conclusione della parte più ricca e feconda della sua analisi della fede del suo popolo, il capitolo sull'Eucarestia, dà la dimensione di quanto erronea, ingiusta ed ingrata fu l'accusa di tragicità e di disfattismo:

sappiamo che le Comunioni aumentano a vista d'occhio. Se dunque davvero vien meno gente in chiesa vuol dire che il livello religioso di quelli che vengono è in notevole ascesa. Meno cristiani alla festa e più alla Comunione! Se è così le cose si stanno rischiarando e si può guardare all'avvenire con fiducia. E le anime che si allontanano? Poche. Almeno avranno sotto gli occhi una comunità cristiana più religiosa[37].

Né disfattismo né tragicità, ma realismo e speranza! Don Lorenzo guarda in modo nuovo alla Chiesa e ai suoi nuovi compiti.

---

[35] Ivi, p. 72.
p. 73.
[36] Ivi, p. 73.
[37] Ivi, p. 79
.

Coglie, con anticipo sui tempi, la necessità della radicale trasformazione cui la modernità La chiama: non più conquista del
mondo e portatrice di una fede ideologizzata, ma Chiesa evangelizzatrice, cioè annunciatrice del messaggio di salvezza secondo uno stile propriamente kerigmatico. Ed è questo stile kerigmatico, unitamente agli strumenti culturali che la Chiesa
deve impegnarsi a far crescere e sviluppare, il nucleo della sua
proposta pastorale.

Don Lorenzo percepisce che l'annuncio della salvezza non può
essere disgiunto da una significativa proposta di ricostruzione
culturale delle condizioni antropologiche che rendono l'uomo
persona, e persona in grado di accettare la Verità, non in base al
principio dell'obbedienza, bensì con consenso interiore, quel
consenso interiore che può nascere solo e solamente quando si
è realizzato il passaggio dalla coscienza inerte all'autonomia di
giudizio.

Così poco attento al dibattito culturale accademico, refratta-
rio alla speculazione filosofica, uomo portato all'azione diretta
ed immediata, per l'attenzione che mostra alla persona, Don Lorenzo va annoverato, in quanto a concezione filosofica dell'educazione, tra gli esponenti di spicco del personalismo cattolico
italiano.

4. L'istruzione civile

Il capitolo terzo della prima parte di Esperienze pastorali è
dedicato alla problematica della istruzione civile.

Non va sottaciuto che l'ambiente in cui opera il priore, San
Donato di Calenzano e più ancora Sant'Andrea di Barbiana, è
un ambiente tipicamente contadino ed operaio,
    un mondo fatto di miseria e di arretratezza[38],
che condiziona fortemente il suo pensiero e ne orienta la prassi
educativa e pastorale.

---

[38] Liana Fiorani, *op. cit.* p. 7.

Le due grandi categorie sociali attenzionate e al centro dell'azione formativa di Lorenzo Milani sono i contadini e gli operai. Ci si fermasse a leggere i nudi dati statistici elaborati dallo stesso Milani, si dovrebbe concludere che a distanza di cento anni (1841-1951) l'analfabetismo relativo alle giovani generazioni è praticamente scomparso. Pressoché tutti i giovani tra i 13 e i 21 sanno leggere e scrivere:

Questo secolo passerà dunque alla storia per quello in cui il nostro popolo ha rotto la sua millenaria schiavitù intellettuale?[39].

Dentro l'apparente inoppugnabilità del dato statistico:

Nelle nuove generazioni infatti l'analfabetismo (in senso legale) si può considerare sparito. Non vi è cioè oggi a San Donato nessun giovane che non abbia fatto almeno tre classi elementari e che non sappia almeno faticosamente leggere e scrivere[40],

don Lorenzo coglie una realtà diametralmente opposta, che gli fa categoricamente affermare che il bracciante e l'operaio di oggi versano in condizioni di più evidente minorità rispetto a quelli del 1841. E ciò in virtù di un'accresciuta richiesta di prestazioni intellettuali, espressione di una complessa ed articolata vita lavorativa, civile e sociale, che l'operaio, per così dire moderno, non riesce a soddisfare:

Non è dunque esagerazione sostenere che l'operaio d'oggi col suo diploma di quinta elementare è in stato di maggior minorazione sociale che non il bracciante analfabeta del 1841[41].

Don Lorenzo rileva, già in Esperienze pastorali prima ancora che in Lettera ad una professoressa, la relazione fortemente in disequilibrio tra lo sviluppo tecnico-produttivo e sociale da una parte e la formazione assistita dall'altra. Due locomotive che scorrono su binari paralleli, destinate a non incontrarsi. L'uno, lo sviluppo tecnico e sociale, viaggia ad una velocità infinita-

---

[39] Don Lorenzo Milani, *op. cit*, p. 169.
[40] Ivi, p. 166.
[41] Ivi, p. 169.

mente più grande dell'altra, la formazione, che invece, inviluppata com'è in obiettivi, metodi e strutture anacronistiche e asociali, non riesce a reggere le spinte alla tecnicizzazione e alla inculturazione generale, così accentuando il gap culturale tra le diverse classi. Ed è proprio il dislivello culturale tra le categorie sociali, più ancora che il basso livello assoluto dell'istruzione, il problema dei problemi.

Emerge già in Esperienze pastorali il Milani pedagogista, che non si limita a prendere atto della lezione dei fatti, ma va alla ricerca

delle cause dell'insuccesso dei figli dei poveri nella scuola pubblica[42].

La risposta, almeno nei termini in cui avverrà in Lettera ad una professoressa, qui è appena abbozzata. La causa primaria: l'estrazione socio-culturale del fanciullo, l'ambiente di provenienza con le sue peculiari caratteristiche di povertà linguistica, deprivazione culturale, mancanza di spinte motivazionali, precoce avviamento al lavoro (soprattutto dei campi).

Ma più ancora sostiene il priore

determinante a nostro avviso è solo il modo di usare il tempo libero[43].

E qui emerge già la riflessione su una delle problematiche centrali di Lettera ad una professoressa, riflessione che fa di don Lorenzo una figura di primissimo piano della pedagogia italiana di questo secolo: il tempo (scolastico) inteso come risorsa, il tempo

variabile di grande rilievo nella determinazione dei processi formativi e dei loro esiti, eppure una variabile scarsamente presa in considerazione tanto a livello di ordinamenti (almeno fino al citato disegno di legge sul riordino dei cicli) quanto nella pratica educativa[44].

---

[42] Ivi, p. 181.

[43] Ivi, 183.

[44] Gaetano Dominici, *Manuale dell'orientamento e della didattica modulare*, Editori Laterza, Roma-Bari 1966, p. 107.

La disfatta dei ragazzi nella scuola medie superiori è dovuta, per il priore, al diverso modo di utilizzare il tempo scolastico:

Qui in campagna il ragazzo pigionale trascorre tutto il pomeriggio e tutte le vacanze nel gioco. Se impara qualcosa è solo nelle 4 ore di scuola. La maestra che fa scuola in campagna lo sa e s'adatta all'ambiente. Non può fare altrettanto il professore di Prato. Nella sua classe c'è mescolato cittadini e campagnoli, borghesi e proletari (e molti più dei primi che dei secondi). Se anche volesse comprendere la situazione dei proletari campagnoli non potrebbe ridurre la sua scuola allo stile delle elementari rurali. Spiega quel che c'è da studiare a casa e controlla quel che s'è studiato a casa.

Questa impostazione della scuola secondaria, nuova per i nostri ragazzi, provoca nel giro di poche settimane la loro disfatta. Il babbo operaio che ha fatto solo le elementari e ignora tutto su altri tipi di scuola è incapace di dare al figliuolo una disciplina, un metodo, e un orario proporzionati alla nuova situazione.

La pagella del primo trimestre lo colpisce, ma è portato a credere a ingiustizie, incomprensioni e anche a corruzione dei professori da parte dei più ricchi. Quando verso la fine dell'anno scolastico comincia a ambientarsi è ormai troppo tardi. Una serie di umiliazioni quotidiane, coronate dalla bocciatura, sono bastate a rendere lo studio odioso al ragazzo per tutta la vita. Sono caratteristiche di questi nostri ragazzi le pagelle che peggiorano da un trimestre all'altro (1). È un accumularsi di ritardo, di scoraggiamento e infine di odio per la scuola.

Il povero babbo non si arrende ancora. Se appena può dissangua per mandare il ragazzo a ripetizione. La spesa è enorme, il frutto nullo.

Il ripetitore si trova dinanzi a un deserto. A un ragazzo che non ha mai letto un libro non si può neanche spiegare perché il suo tema non va. Non c'è nulla da fare se non consigliarli la lettura. Ore di lettura per anni[45].

---

[45] Don Lorenzo Milani, *op. cit.*, pp. 183-184.

Pagine intense e intensamente sofferte, che mettono in luce, in don Lorenzo, la profonda capacità di analisi dei fenomeni socioculturali. Pagine che fanno emergere i nuclei tematici fondamentali della sua riflessione pedagogica: la finalizzazione selezionatrice della scuola pubblica italiana, il ruolo del linguaggio, dei saperi e dell'ambiente culturale di provenienza sul successo/insuccesso scolastico, l'incapacità della scuola a parlare un linguaggio pedagogico rispettoso della cultura di tutti (quello che in termini moderni viene chiamato individualizzazione dell'insegnamento), gli obiettivi e i valori di una nuova scuola finalizzata a promuovere e non a bocciare. Pagine che aiutano a chiarire e comprendere i complessi meccanismi del disagio, della dispersione e dell'abbandono, la proposta del tempo pieno inteso come risorsa.

Ma più ancora delle questioni pedagogiche affiorano la grande umanità di don Lorenzo, il clima di empatia e condivisione che riesce a creare prima a San Donato e poi a Barbiana, la sua vocazione alla carità cristiana, la scelta degli ultimi e degli emarginati, il suo impegno a riscattarli dalle

nuove forme di schiavitù sociale e psichica[46]

cui vanno soggetti per le moderne forme di produzione economica e culturale, la profonda fede nel messaggio salvifico della Parola Incarnata, entro cui si svolge la sua prassi pastorale ed educativa, che non lascia spazio ad alcun tipo di speculazione. L'orizzonte, il traguardo finale alto della sua vita e del suo impegno terreno: la salvezza delle anime a lui affidate. Scrive infatti al direttore del giornale "Adesso":

A me invece non importa nulla che i poveri ci guadagnino (questo fatto non ha infatti nessun peso per la venuta del Regno), mi importa solo che gli uomini smettano di peccare. E l'ingiustizia sociale non è cattiva (per me prete) perché danneggia i poveri, ma perché è peccato cioè offende Dio e ritarda il suo Regno. (E la ricchezza e non la povertà che è un'offesa a Dio)[47].

---

[46] P. Reginaldo Iannarone, *op. cit.*, p. 587.
[47] Al Direttore di Adesso, *op. cit.*, p. 29.

E più ancor chiaramente e con profondissima tenerezza al giovane comunista Pipetta, che lo considera l'unico prete degno di considerazione:

Caro Pipetta,

ogni volta che ci incontriamo tu mi dici che se tutti i preti fossero come me, allora... ...

Lo dici perché tra noi due ci siamo sempre intesi anche se te della scomunica te ne freghi e se dei miei fratelli preti ne faresti volentieri polpette. Tu dici che ci siamo intesi perché t'ho dato ragione mille volte in mille tue ragioni.

Ma dimmi Pipetta, m'hai inteso davvero?

É un caso, sai, che tu mi trovi a lottare con te contro i signori. San Paolo non faceva così.

E quel caso è stato quel 18 aprile che ha sconfitto insieme ai tuoi torti anche le tue ragioni. É solo perché ho avuto la disgrazia di vincere che... ...

Mi piego, Pipetta, a soffrire con te delle ingiustizie. Ma credi, mi piego con ripugnanza. Lascia che te lo dica a te solo. Che me ne sarebbe importato a me della tua miseria?

Se vincevi te, credimi Pipetta, io non sarei più stato dalla tua. Ti manca il pane? Che vuoi che me ne importasse a me, quando avevo la coscienza pulita di non averne più di te, che vuoi che me ne importasse a me che vorrei parlarti solo di quell'altro Pane che tu dal giorno che tornasti da prigioniero e venisti colla tua mamma a prenderlo non m'hai più chiesto.

Pipetta, tutto passa. Per chi muore piagato sull'uscio dei ricchi, di là c'è il Pane di Dio.

É solo questo che il mio Signore m'aveva detto di dirti. É la storia che mi s'è buttata contro, è il 18 aprile che ha guastato tutto, è stato il vincere la mia grande sconfitta.

Ora che il ricco t'ha vinto col mio aiuto mi tocca dirti che hai ragione, mi tocca scendere accanto a te e combattere il ricco.

Ma non me lo dire per questo che, Pipetta, ch'io sono l'unico prete a posto. Tu credi di farmi piacere. E invece strofini sale sulla mia ferita.

E se la storia non mi si fosse buttata contro, se il 18... non m'avresti mai veduto scendere là in basso, a combattere contro i ricchi.

Hai ragione, sì, hai ragione, fra te e i ricchi sarai sempre te povero a aver ragione.

Anche quando avrai torto di impugnare le armi ti darò ragione. Ma come è poca parola questa che tu m'hai fatto dire. Come è poco capace di aprirti il Paradiso questa frase giusta che tu m'hai fatto dire. Pipetta, fratello, quando per ogni tua sconfitta io patirò due miserie, quando per ogni tua sconfitta io patirò due sconfitte, Pipetta quel giorno, lascia che te lo dica subito, io non ti dirò più come dico ora: "Hai ragione". Quel giorno finalmente potrò riaprire la bocca all'unico grido di vittoria degno d'un sacerdote di Cristo: "Pipetta hai torto. Beati i poveri perché il Regno dei Cieli è loro".

Ma il giorno che avremo sfondata insieme la cancellata di qualche parco, installata insieme la casa dei poveri nella reggia del ricco, ricordatene Pipetta, non ti fidar di me, quel giorno io ti tradirò.

Quel giorno io non resterò là con te. Io tornerò nella tua casuccia piovosa e puzzolente a pregare per te davanti al mio Signore crocifisso. Quando tu non avrai più fame né sete, ricordatene Pipetta, quel giorno io ti tradirò. Quel giorno finalmente potrò cantare l'unico grido di vittoria degna d'un sacerdote di Cristo: "Beati i ...fame e sete[48].

Con largo anticipo sui tempi don Lorenzo ci dà un chiaro esempio del condizionamento culturale, gravido di non poche conseguenze sociali e politiche, ma più ancora religiose, cui è soggetta la grande maggioranza del popolo italiano, tenuta volutamente nell'inferiorità culturale:

Conseguenza di tutto questo è che la quasi totalità degli anziani e l'88,6% dei giovani del nostro popolo è intellettualmente alla mercé di chi abbia fatto anche una sola classe oltre le elementari[49].

---

[48] Lettera a un giovane comunista di San Donato, op. cit., pp. 19-21.
[49] Don Lorenzo Milani, *op. cit.*, p. 183.

S'è già detto che Esperienze pastorali è un saggio sulla Chiesa e sull'azione pastorale a cavallo degli anni '50. E don Lorenzo non lo dimentica. Ammonisce le classi dirigenti (partiti politici, padronato, fattori, enti, informazione) a ripensare il proprio ruolo e la propria funzione orientativa nei confronti del paese e della sua parte più debole ed emarginata, ma rivolge la sua attenzione privilegiata ai suoi confratelli sacerdoti, che invita ad un esercizio di umiltà e a un lungo, scrupoloso esame di coscienza che li prepari a quello stato d'animo necessario a parlare a quell'uditorio inerme che è la classe operaia e contadina. E sono pagine belle e toccanti, pagine in cui, alla straordinaria acutezza dell'analisi storico-sociale sintetizzata nei già noti fenomeni di incoerenza, reticenza, formalismo religioso, mito, fede vissuta abitudinariamente e passivamente imposta dall'ambiente e dalle circostanze, senza addentellati in nessun comandamento di vita ma solo in comandamenti rituali, fa seguire la proposta pedagogica della scuola popolare, strumento di promozione e di evangelizzazione della persona.

Don Lorenzo non nutre dubbi: un uomo privo di parola, cioè di quello speciale e al tempo stesso generale mezzo che gli permette di relazionarsi con i suoi simili non può ricevere

l'apporto di Un suo simile che è Parola e che s'è fatto Carne cioè Parola Incarnata per essere Parola più convincente. E che poi ha posto un Libro come fondamento della nostra elevazione e un Magistero per l'interpretazione di quel Libro e poi dei sacramenti che sono in sé stessi più che quel Libro e più che quel Magistero, ma che pure non si possono affrontare neanche loro senza l'anticamera della Parola (il catechismo)[50].

Per questo il priore dichiara che non si sente pienamente parroco, che non può svolgere compiutamente l'attività sacerdotale del fare Dottrina e del dispensare i Sacramenti a causa del dislivello umano dei suoi parrocchiani, che, quindi, la sua realizzazione di pastore avviene nella scuola e con la scuola popolare:

---

[50] Ivi, p. 187.

Per ora questa attività direttamente sacerdotale mi è preclusa dall'abisso di dislivello umano e perciò non mi sento parroco che nel fare scuola[51].

Affermazione che servì ai "nemici" di don Lorenzo, per denunciare il suo orientamento illuminista e provare, con ciò, la sua estraneità alla Chiesa, accusa che ci riserviamo di discutere nell'apposito capitolo.

Tuttavia in questa sede non possiamo esimerci dal rilevare la straordinaria consonanza teoretica con il Santo Padre. Così scrive infatti Giovanni Paolo II a proposito della comunicazione della verità oggettiva:

La fede, infatti, presuppone con chiarezza che il linguaggio umano sia capace di esprimere in modo universale - anche se in termini analogici, ma non per questo meno significativi - la realtà divina e trascendente. Se non fosse così, la parola di Dio, che è sempre parola divina in linguaggio umano, non sarebbe capace di esprimere nulla su Dio[52].

La scuola popolare di San Donato, afferma don Lorenzo, non è più solo progetto o speranza, ha dato già i suoi primi frutti: il substrato nuovo su cui va fondata una fede più adulta e matura. E questo substrato, per don Lorenzo, si chiama lingua e interessi degni di un uomo:

l'una e l'altra si son potuti creare solo con la scuola. E perciò la scuola mi è sacra come un ottavo Sacramento[53].

Don Lorenzo senza infingimenti, con linguaggio tanto chiaro quanto ultimativo, pone l'esigenza di un radicale cambiamento di prospettiva, soprattutto nella cultura dei sacerdoti, l'80% dei quali proviene da famiglie operaie. Ciò che il seminarista riceve in idee, valori ed atteggiamenti nell'infanzia in famiglia non lascia dietro di sé traccia alcuna e viene soppiantato dalla cultura di classe dei seminari. Per quest'educazione, il sacerdote, annoverato tra la schiera degli intellettuali, passa, armi e bagagli,

---

[51] Ivi, p. 201.

[52] Giovanni Paolo II, *Enciclica Fides et Ratio*, Libreria Editrice Vaticana, Roma 1998, 84.

[53] Don Lorenzo Milani, *op. cit.*, p. 203.

nell'altra sponda, quella dei signori che bisogna servire da cima a fondo, e trascina dietro di sé anche la sua famiglia:

I seminari non hanno né libri, né programmi, né imposta-zione culturale propria. Seguono quelli del mondo. Ma i libri, i programmi, l'impostazione culturale del mondo sono espres-sione di un'unica classe sociale e non certo di quella dei poveri. Ne rispecchiano le ideologie, le esigenze, l'ambiente, il classi-smo e spesso anche gli interessi[54].

In definitiva, sostiene don Lorenzo, il linguaggio dei preti è la lingua dei ricchi, non quella del popolo eletto di Dio i poveri:

Abbiamo dunque speso 12 anni della nostra vita per farci il linguaggio di coloro che oggi sono meno lontani dalla Chiesa, ma che son anche i meno cari al Signore e numericamente una parte insignificante del nostro popolo. E intanto ci siamo persi la capacità di parlare un linguaggio comprensibile e utile ai prediletti di Dio (prediletti perché poveri e perché lontani) l'81,3% del nostro gregge. Chi crede nella vocazione storica dei poveri a diventare classe dirigente (senza perdere la propria personalità e i propri doni) vorrà offrir loro una cultura entita-tivamente diversa da questa che usa. O meglio ancora, non vorrà offrir loro nessuna cultura, ma solo il materiale tecnico, linguistico, lessicale e logico) che occorre per fabbricarsi una cultura nuova che con quell'altra non abbia nulla a che ve-dere[55].

Don Milani ribalta, dunque, gli schemi tradizionali della pa-storale giovanile. Non è più l'oratorio con le sue attività ricrea-tive il centro dell'accoglienza religiosa dei giovani, ma la scuola popolare, col suo carico di lezioni, di impegno, di sacrificio, che i giovani del tempo dimostrano di gradire al pari del diverti-mento. Perché, afferma ancora il priore, la scuola popolare è prima ancora una scuola di senso, capace cioè di risvegliare nei giovani contadini ed operai

---

[54] Ivi, p. 205.
[55] Ivi, p. 210.

dal fondo dell'anima quella sete naturale di sapere che è spesso seppellita negli infelici[56],
una scuola ove l'apprendere ha un senso concreto e preciso, e le cose apprese hanno un ben definito aspetto valoriale, direttamente rapportabile all'esperienza di vita. Una scuola ove l'insegnamento non è genericamente neutro ma si ispira a un ben preciso e definito quadro di valori umani e religiosi, correlati alla struttura onto-metafisica-religiosa del soggetto, con l'intento di farlo crescere in quanto persona dotata delle armi della libertà e delle facoltà critiche.

Una concezione della scuola, per dirla in termini deweyani, intesa come vita, ma che va oltre la concezione del Dewey, per cui l'insegnamento non si riduce a centri attivi di approfondimento della conoscenza scientifica di materiali e processi naturali ma è al tempo stesso educazione alla libertà.

La libertà è il fine ultimo dell'opera educativa di don Lorenzo Milani, è nella libertà che l'uomo realizza sé stesso come persona umana, è nella *libertas maior* agostiniana che l'uomo, divenuto persona, adempie il libero arbitrio, una libertas maior che è, dunque, il risultato di tre fattori: la Grazia gratuita di Dio Padre, l'azione educatrice della società, l'azione riflessiva interiore.

É questo l'orizzonte valoriale della pedagogia milaniana:

Quando con la scuola avremo risvegliato nei nostri giovani operai e contadini quella sete sopra ogni altra sete o passione umana, portarli a porsi il problema religioso sarà un giochetto. Saranno simili a noi, potranno vibrare di tutto ciò che noi fa vibrare[57].

Arriviamo all'epilogo di Esperienze pastorali: il problema della didattica nella scuola popolare di San Donato di Calenzano e il rapporto maestro-scolaro.

Rispondendo a degli amici che gli chiedono come faceva a far scuola e ad averla sistematicamente piena, Lorenzo risponde:

---

[56] Ivi, p. 237.
[57] Ivi, 237.

non dovrebbero preoccuparsi di come bisogna fare per fare
scuola, ma solo di come bisogna essere per poter far scuola[58].

Una rilettura per così dire moderna della didattica milaniana
ci porterebbe ad affermare che egli era fautore di una didattica
che possiamo chiamare, con G. Dominici, dell'oscuro. Accanto,
infatti, alle didattiche cosiddette del chiaro, esplicite, dirette,
evidenti, esiste una didattica implicita fatta di convinzioni, pre-
ferenze, comportamenti del maestro, che finisce per educare ed
influenzare le modalità di essere e di comportarsi dell'educando.
É questa didattica che don Lorenzo dimostra di preferire e a cui
dà la massima rilevanza. Afferma infatti:

ecco toccato il tasto più dolente: vibrare noi per cose alte.
Tutto il problema si riduce qui, perché non si può dare che quel
che si ha[59].

Il priore conosce bene il segreto della sua scuola, l'insegnante
come presenza personale, e non esita un solo istante a riaffer-
marlo:

Il prete che fa scuola popolare sa tutto quel che ha in cuore
il suo popolo e il popolo cui il prete fa scuola popolare sa tutto
quel che ha in cuore il suo prete. Nudi e veri, l'uno dinanzi agli
occhi dell'altro[60].

Ma anticipa che l'insegnamento, ed il suo in particolare, non può
prescindere dal mostrare una perfetta congiunzione di parola e
prassi:

E se in cuore al prete c'era cose alte avrà dato cose alte e se
c'erano mediocri le avrà date mediocri. E se c'era la fede avrà
dato fede[61].

dimostrando di avere idee chiare sul problema generale della
didattica:

Ciò che rende significativo l'intervento didattico di ogni
giorno è la sua capacità di trovare riscontro nei fatti: non sol-

[58] Ivi, p. 239.
[59] Ivi, p. 237.
[60] Ivi, p. 238.
[61] Ibidem.

tanto in quello in cui dà luogo la ricerca/sperimentazione scientifica o la documentazione storica, ma anche nelle condotte personali corrispondenti alle affermazioni ideali. La maggior parte dei comportamenti di disgiunzione cronica della pratica dalla parola - e di conseguente inaffidabilità morale nei rapporti civili, così abituali nel nostro paese - nasce anche da un costume contraddittorio siffatto, che dal Paese passa alla scuola e "educa" occultamente e quotidianamente i nostri ragazzi all'ipocrisia, alla furberia del doppio gioco, al non-rischio dell'espressione autentica[62].

Don Lorenzo nella sua breve vita sacerdotale, durata appena vent'anni, seppe vibrare per cose alte, seppe testimoniare con il suo coerente comportamento l'adesione ai significati-valori che derivavano dalla sua coscienza e dalle sue scelte religiose, seppe continuamente richiamare i suoi scolari ai valori della fede e della carità cristiane, richiamandoli continuamente, cercandoli senza posa e soprattutto facendone esperienza attestativa. E fu proprio l'affidabilità morale che gli derivò dal saper congiungere perfettamente parola e prassi il segreto della riuscita, il motivo per cui i suoi parrocchiani accorsero in massa alla sua scuola perché

Da un prete così son disposti a accettare di tutto: divisioni a tre cifre, verbi, dettato, storia, politica, teologia, scenate, malumore. Tutte le materie son buone e tutti i modi di proporle son buoni[63].

---

[62] Cosimo Laneve, *Elementi di didattica generale*, Editrice La Scuola, Brescia 1998 p. 120.
[63] Don Lorenzo Milani, *op. cit.*, p. 240.

Lettera a una professoressa
(maggio del 1967)

Venne pubblicata nel maggio del 1967, qualche mese prima della scomparsa di Don Lorenzo avvenuta il 26 giugno 1967 a Firenze. È un libro scritto a più mani dai ragazzi della Scuola di Barbiana, con la direzione del Priore.

3.1 La legge istitutiva della scuola media unica

Lettera ad una professoressa viene pubblicata nel maggio del 1967 e don Lorenzo, ormai morente, fa appena in tempo a vederla pubblicata. Racconta padre Ernesto Balducci che dal letto della sua povera casa di Barbiana la raccomandò fortemente, ritenendola il suo testamento. Balducci confesserà che tardò un po' a percepire la carica profetica di quello scritto, che nel breve volgere di qualche mese, nel pieno della contestazione studentesca, ne divenne se non il simbolo, certamente tra i libri più letti ed amati.

Quel minuscolo libro, scritto collettivamente da otto ragazzi, sotto la sapiente direzione del priore, prese alla sprovvista non solo la Chiesa, la scuola, gli insegnanti, ma financo lo stesso mondo accademico legato alla ricerca. Ma, per comprendere appieno il ruolo che svolse, bisogna riandare al dibattito pedagogico del tempo.

Gli anni '60 furono gli anni del dibattito ideologico attorno
alla funzione di riproduzione sociale e culturale di parte svolta dalla pedagogia e dalla scuola[64],
e sarebbe ingeneroso per la cultura italiana, così come per la stessa politica italiana, misconoscere i fermenti che la pervadevano e le scelte che furono fatte nella direzione di un ampliamento della base sociale della scuola.

All'interno di quel periodo, che Eric J. Hobsbawm ha definito *Età dell'oro*, a cavallo tra la fine della seconda guerra mondiale e l'inizio degli anni '70,
un trentennio di straordinaria crescita economica e di trasformazione sociale, che probabilmente ha modificato la società umana più profondamente di qualunque altro periodo di analoga brevità[65],

---

[64] Franco Frabboni, Franca Pinto Minerva, Manuale di pedagogia generale, Editori Laterza, Roma-Bari 1999, p. 6.
[65] Bruno Forte, *Dove va il Cristianesimo*? Queriniana, Brescia 2000, p. 141.

un posto di assoluto rilievo spetta, di diritto, allo sforzo proget-
tuale di emancipazione messo in atto anche dalla pedagogia. Ciò
in un duplice tentativo. Da una parte, di mettere in crisi e libe-
rarsi del vecchio modello pedagogico di educazione autoritaria,
centrato su una didattica estemporanea e meramente trasmissiva, espressione di una scuola braccio secolare del sistema eco-
nomico-socio-istituzionale che tende a riprodurre se stesso attraverso il reclutamento e l'integrazione delle nuove leve nei
modelli dominanti; dall'altra, di accogliere e problematizzare le
istanze e le sollecitazioni di carattere sociale (si pensi alla contestazione studentesca, ai movimenti femministi, al movimento
pacifista e antirazzista, ai vari movimenti ambientalisti, all'en-
trata in scena dei giovani che diventano protagonisti delle trasformazioni sociali e culturali, al processo di sdogmatizzazione
della Chiesa), nel tentativo di costruire un nuovo modello di
scuola centrato su una visione circolare del processo educativo,
in cui il discente, non più semplice recettore di verità, diventa
protagonista del proprio destino, una scuola orientata all'emancipazione e alla liberazione dell'uomo in quanto persona e alla
trasformazione democratica delle strutture sociali.

Il dibattito attorno ai temi dello sviluppo e della riforma della
scuola, che vedeva contrapposte fondamentalmente due posizioni, quella cattolica e quella laico-socialista, prende le mosse
da due documenti: l'Inchiesta sulla miseria e sulla disoccupa-
zione svolta da una commissione parlamentare diretta da Ro-
berto Tremelloni e dal Rapporto SVIMEZ. Dalla prima emer-
geva che, complessivamente, oltre 21 milioni di persone erano
interessate a completare il ciclo dell'istruzione di base, che ben
l'85% della forza-lavoro risultava sprovvista di istruzione, che
la percentuale di persone (in rapporto alla popolazione scolastica italiana) che raggiungeva rispettivamente le scuole secon-
darie inferiori, superiori e l'università calava da un ottavo a un
sedicesimo, fino a un venticinquesimo. Su questi indici e sulla
base della previsione di sviluppo del reddito nazionale attorno
al 4,5%, lo SVIMEZ, col documento *Mutamenti della struttura
professionale e ruolo della scuola* ipotizzò un fabbisogno di

forza-lavoro di parecchi milioni, distinto nelle varie qualifiche funzionali.

Fu il segnale ineludibile che bisognava procedere ed urgentemente ad un riaggiustamento dell'architettura di sistema della scuola, riscriverne gli obiettivi, rimodularne i programmi. Elevare l'obbligo scolastico a quindici anni in una scuola riformata ed unitaria diventò l'obiettivo prioritario della sinistra laico-socialista e di ispirazione comunista. Una sinistra, quella comunista, che aveva atteso il Comitato centrale del novembre del 1955 per riconoscere, con Mario Alicata, il ritardo di elaborazione delle problematiche educative da parte del movimento operaio italiano, che solo allora scoprì l'esigenza di un'azione rivolta alla riforma del sistema scolastico, prendendo a modello la scuola politecnica di ispirazione marxista. Azione che si concretizzò nelle richieste di abolizione del latino nella media, di inserimento delle scienze naturali e del lavoro manuale, e nella riduzione delle materie rivolte alla professionalizzazione precoce.

Il dibattito ruotava attorno al problema delle due culture. L'obiettivo della sinistra era il riequilibrio culturale a favore della cultura tecnico-scientifica. A ciò si opponevano i partiti dell'area governativa, e in special modo la Democrazia Cristiana, che pur favorevole all'unificazione delle due scuole (la media e l'avviamento professionale) in un'unica scuola, non intendeva cedere all'impostazione storicistica-scientifica di ispirazione marxista. In mezzo ai due contendenti

le "vestali" della classe media, quella più ampia frangia degli insegnanti che nella scelta del sindacalismo autonomo avrebbero voluto continuare a mantenere la scuola come un corpo separato, ancorato a compiti tradizionali, lontano dai processi di trasformazione della realtà[66].

Tre anni di intenso e vivace scontro, una sperimentazione nel triennio 1960-63 ad opera del ministro Bosco del gabinetto Fan-

---

[66] G. Recuperati, *La scuola e il movimento degli studenti*, in AA.VV., *L'Italia contemporanea, 1945-1975* (a cura di) V. Castronovo, Einaudi, Torino 1976, p. 440.

fani, che sperimentò l'alternatività tra latino ed applicazioni tecniche, i progetti di legge Donini-Luporini, i due disegni di legge governativi del ministro Medici, portarono, il 31 dicembre del 1962, alla Legge 1859 dal titolo: Istituzione e ordinamento della scuola media unica.

È un chiaro compromesso tra le diverse tendenze. Soddisfatti i partiti dell'area governativa per aver raggiunto il risultato della unicità della scuola dell'obbligo per tutti i cittadini; soddisfatta la sinistra per la liberalizzazione del corso di studi che consentiva una maggiore flessibilità. Gli unici a dirsi insoddisfatti e sconfitti i partiti della destra, che interpretarono la riduzione dello spazio dedicato al latino come un arretramento sul piano della civiltà.

La legge, alla rimodulazione dei programmi e delle discipline scolastiche, accompagnava, anche, due istituti giuridici che resistono ancora: l'assolvimento dell'obbligo scolastico soddisfatto con il conseguimento della licenza media e il proscioglimento per chi, non avendo conseguito il diploma, adempisse all'obbligo col compimento dei quindici anni.

Una riforma della scuola, l'unica della storia repubblicana fino a quel momento, che scontò alcuni pregiudizi di fondo, prima di giungere ad una più compiuta definizione: la generale carenza ed obsolescenza delle strutture, la mancanza di cultura della riforma, l'impreparazione degli insegnanti incapaci di operare in un contesto didattico di scuola egualitaria entro cui il compito precipuo e fondamentale non è più la trasmissione del sapere, bensì lo sviluppo delle attitudini e la maturazione psicologica dell'educando, non imposti da regole esterne ma sulla base di una effettiva motivazione allo studio.

La definizione più completa possiamo datarla nel 1977, anno della promulgazione delle leggi di assestamento e di modifica che esplicitano il progetto originario di un riequilibrio dell'asse culturale (legge 348), con la soppressione del latino, che trasformano le applicazioni tecniche in educazione tecnica, rendendola obbligatoria nel triennio, che potenziano l'insegnamento scientifico, dandole un contenuto sperimentale, e stabiliscono le nuove norme (legge 517) sulla valutazione, recependo i risultati della ricerca pedagogica attraverso l'introduzione della distinzione tra valutazione formativa e sommativa.

A quasi quarant'anni di distanza da quel dicembre del 1962 possiamo affermare che quel progetto di riforma si è realmente compiuto? Don Milani e i suoi ragazzi della scuola di Barbiana, con la pubblicazione di Lettera a una professoressa, diedero una spinta decisiva al compimento di quel disegno riformatore. Oggi, però, viene da chiedersi: la riforma andò nella direzione auspicata dal priore o prese altre strade? Il dibattito è aperto da tempo. Il tentativo governativo attuale di avviare una revisione dell'intero sistema della scuola italiana denota che qualcosa in quel progetto non ha funzionato.

3.2 La denuncia

Cara signora,
lei di me non ricorderà nemmeno il nome. Ne ha bocciati tanti.
Io invece ho ripensato spesso a lei, ai suoi colleghi, a quell'istituzione che chiamate scuola, ai ragazzi che "respingete".
Ci respingete nei campi e nelle fabbriche e ci dimenticate[67].
É il grido di dolore, che i ragazzi di Barbiana (parla uno per tutti), con una venatura quasi di malinconia, senza odio, risentimenti o desiderio di vendetta, rivolgono alla loro professoressa, per averli bocciati, dimenticati e respinti nei campi. La lettera è la storia parallela, letta in controluce, di due ragazzi: l'uno, Gianni proviene da famiglia contadina e analfabeta, l'altro, Pierino da una famiglia borghese colta e istruita. É la storia dell'insuccesso scolastico dell'uno e del successo dell'altro, delle cause e dei fattori di questo successo/insuccesso, delle teorie fatte passare per leggi di natura, dei meccanismi sociali ed ideologici che sottostanno alla selezione di classe, delle proposte educative e

---

[67] Scuola di Barbiana, *Lettera a una professoressa*, Libreria Editrice Fiorentina, Firenze 1967, p. 9.

didattiche per fare della scuola italiana una scuola che promuove in luogo della scuola che boccia.

Non è assolutamente vero che il povero, non importa se contadino o operaio, è irrimediabilmente svogliato e privo di interessi. Si scambia la timidezza del povero, questo mistero che nessuno sa spiegare, per svogliatezza e inettitudine allo studio, e su questo equivoco si costruisce il castello per i ricchi.

Ecco il primo grande merito di don Lorenzo Milani: aver dato ai poveri montanari del Mugello la coscienza che la loro condizione di subalternità non è inscritta nei loro geni ma è il prodotto storico-sociale di una egemonia, soprattutto culturale, della classe al potere, che è poi quella borghese. É su questa consapevolezza che don Lorenzo costruisce, giorno dopo giorno, i meccanismi culturali, oltre che psicologici, che porteranno i suoi ragazzi al decondizionamento e al pieno sviluppo della persona. Su questa coscientizzazione della differenza di classe il priore costruisce il senso primo dell'andar a scuola, e questo diventa la spinta, la motivazione di base per cui:

A Barbiana tutti i ragazzi andavano a scuola dal prete. Dalla mattina presto fino a buio estate e inverno. Nessuno era "negato" per gli studi[68].

Don Lorenzo, pedagogista e pedagogo insieme, intuisce, in primis, il principio didattico della ***significatività***, riuscire, cioè, a fornire un fine e uno scopo alla sua attività insegnativa e allo sforzo apprenditivo dei suoi alunni:

Cercasi un fine.
Bisogna che sia onesto, Grande. Che non presupponga nel ragazzo null'altro che d'essere un uomo. Cioè che vada bene per credenti ed atei. Io lo conosco. Il priore me l'ha imposto fin da quando avevo 11 anni e ne ringrazio Dio. Ho risparmiato tanto tempo. Ho saputo minuto per minuto perché studiavo. Il fine giusto è dedicarsi al prossimo. E in questo secolo come vuole amare se non con la politica o col sindacato o con la scuola? Siamo sovrani. Non è più il tempo delle elemosine, ma delle

---

[68] Ivi, p. 11.

scelte. Contro i classisti che siete voi, contro la fame, l'analfabetismo, il razzismo, le guerre coloniali. Ma questo è il solo fine ultimo da ricordare ogni tan-to. Quello immediato da ricordare minuto per minuto è d'intendere gli altri e farsi intendere[69].

Rende ancor più esplicito il suo insegnamento con l'attestazione valoriale delle sue proposte educative. Oltrepassa il confine concettuale ristretto di significatività, inteso in termini meramente cognitivi, come la capacità di collegare il nuovo con il vecchio già posseduto, dimostrando di saper cogliere appieno il rapporto dinamico e dialettico che lega i mezzi ai fini dell'educazione; sfugge, in ultima analisi, a quell'errore esiziale per la riuscita di ogni processo educativo, magistralmente denunciato da J. Maritain, il misconoscimento dei fini:

Questo primato dei mezzi sul fine ed il conseguente crollo di ogni finalità certa e di ogni vera efficacia nel realizzarla, sembra sia il principale rimprovero che si possa rivolgere all'educazione contemporanea[70].

Don Lorenzo riesce dove altri falliscono, sa creare quel clima didattico da cui può generare, in ognuno dei suoi ragazzi, la motivazione ad apprendere. Motivazione correttamente intesa come lo stato psichico interno che attiva e orienta ogni attività apprenditiva, che nasce dalla messa in crisi della struttura cognitiva preesistente, dall'insorgere cioè di un conflitto cognitivo:

La presenza di un elemento perturbatore, costituito dalla presa di coscienza sia di lacune sia di incongruenze interne, sia della insufficienza o erroneità della sua utilizzazione verso l'esterno, produce un effetto di disagio che caratterizza una situazione problematica. É quello che si definisce conflitto cognitivo. Siamo dunque nella tipica situazione in cui sorge la motivazione: che appunto cerca di riportare la stabilità nella struttura cognitiva[71].

---

[69] Ivi, p. 194.
[70] Iacques Maritain, *L'educazione al bivio*, Educatrice La Scuola, Brescia 1963, p. 15.
[71] Cosimo Laneve, *op. cit.*, p. 77.

Il conflitto che abilmente don Lorenzo induce e stimola nei suoi ragazzi non va letto in senso eminentemente tecnico, bensì nella sua portata più ampia, quella valoriale:

il motore delle trasformazioni della condotta, e quindi dello sviluppo della personalità, non è tanto il bisogno (anche nella accezione ampia è stata data a questo termine), quanto piuttosto "il conflitto" emergente da situazioni e motivazioni diverse, queste ultime contrastanti, perché rispecchianti, secondo K. Horney, le intime contraddizioni della nostra società[72].

Sono i valori della scuola borghese le lacune e le contraddizioni che fanno quotidianamente sperimentare, ai ragazzi della scuola di Barbiana, l'erroneità della situazione esterna e il disagio di una situazione problematica che vanno rimossi.
Innanzi tutto la disgiunzione, sul piano dei comportamenti, della pratica con la teoria, che fa orgogliosamente dichiarare che i significati-valori su cui si fonda la scuola di Barbiana sono diametralmente opposti a quelli della scuola pubblica. Astratta, retorica e priva di qualsiasi riferimento teorico ed operativo alla concreta esperienza degli alunni, competitiva e selezionatrice, incapace di orientare e di formare alla vita, portatrice di valori falsi ed ipocriti, quella statale:

I ragazzi di paese consideravano il gioco e le vacanze un diritto, la scuola un sacrificio. Non avevano mai sentito dire che a scuola si va per imparare e che andarvi è un privilegio. Il maestro per loro era dall'altra parte della barricata e conveniva ingannarlo. Cercavano perfino di copiare. Ci volle del tempo per capire che non c'era registro. Anche sul sesso gli stessi sotterfugi. Credevano che bisognasse parlarne di nascosto. Se vedevano un galletto su una gallina si davano le gomitate come se avessero visto un adulterio[73].

Partecipativa, democratica, a contatto con i fatti reali e in grado di coglierne criticamente i significati, liberatrice di coscienze e costruttrice di valori autentici, la scuola di Barbiana:

---

[72] Letterio Smeriglio, *Personalità e diversità*, Sapignoli Editore, Fratta Terme, p. 64.
[73] Scuola di Barbiana, *op. cit.*, p. 15.

Poi insegnando imparavo tante cose. Per esempio ho impa-
rato che il problema degli altri è uguale al mio. Sortirne tutti
insieme è la politica. Sortirne da soli è l'avarizia. Dall'avarizia
non ero mica vaccinato. Sotto gli esami avevo voglia di man-
dare al diavolo i piccoli e studiare per me. Ero un ragazzo come
i vostri, ma lassù non lo potevo confessare né agli altri né a me
stesso. Mi toccava essere generoso anche quando non ero. A
voi vi parrà poco. Ma coi vostri ragazzi fate meno. Non gli chie-
dete nulla. Li invitate soltanto a farsi strada[74].

Don Milani delinea così le due grandi vie del processo educativo. Da una parte la funzione di riproduzione sociale attraverso l'integrazione nei modelli dominanti, che significa partecipazione al potere in tutte le sue forme; dall'altra la messa in
moto e l'armonico sviluppo delle possibilità, che crea dei soggetti critici in grado di puntare al superamento della cultura dominante. L'una è dogmatica, perché centrata su una didattica
meramente trasmissiva, autoritaria, perché alimentata dall'autorità del maestro cui spetta trasmettere, valutare e selezionare, di
classe, perché i suoi contenuti sono la cultura della classe ege-
mone la borghesia, isolata, perché luogo separato dalla vita
reale sottoposta al controllo e alla gestione del potere. L'altra, è
democratica, ancorché finalizzata realmente allo sviluppo integrale di ogni fanciullo come persona umana, pone sullo stesso
piano educatore ed educando, circolare, perché basata su un
nuovo concetto di processo educativo, un processo che è comunitario e collaborativo e permette a ogni elemento del gruppo
di divenire maestro e discente al tempo stesso, attiva perché in
essa l'apprendimento non è più visto come un semplice processo
di travaso di conoscenze ed abilità dalla mente del docente a
quella del discente ma come costruzione autonoma e personale
di chi apprende.
In questo contesto il sapere cessa di essere un sapere oggettivo,
sovrapersonale e diventa soggettivo e frutto della personale interpretazione del mondo ricostruito sulla base della propria
esperienza. Il rischio del solipsismo, cioè dell'isolamento in un

---

[74] Ivi, p. 14.

sapere soggettivo e personale tutto interno a chi apprende, che rischia di portare all'incomunicabilità e alla solitudine esistenziale, viene esorcizzato da un modello di apprendimento comunitario e collaborativo, la cui efficacia riposa sulla duplice abilità di saper condividere le differenti prospettive interpretative della realtà e di saperle rapportare, assimilare e accomodare nella propria:

Devo tutto quello che so ai giovani operai e contadini cui ho fatto scuola. Quello che loro credevano di stare imparando da me, son io che l'ho imparato da loro. Io ho insegnato loro soltanto ad esprimersi mentre lo-ro mi hanno insegnato a vivere. Son loro che mi hanno avviato a pensare le cose che sono scritte in questo libro. Sui libri delle scuole io non le avevo trovate. Le ho imparate mentre le scrivevo e le ho scritte perché loro me le avevano messe nel cuore. Son loro che han fatto di me quel prete dal quale vanno volentieri a scuola, del quale si fidano più che dei loro capi politici per il quale fanno qualsiasi sacrificio, del quale si confessano a ogni peccato senza aspettare che sia festa. Io non ero così e perciò non potrò mai dimenticare quel che ho avuto da loro[75].

La scuola di Barbiana è personalizzata, perché capace di diversificare gli itinerari didattici lungo tutto l'arco del processo educativo, secondo gli stili di apprendimento dei singoli; è orientativa e auto-orientativa, perché fornisce gli strumenti concettuali ed operativi per costruire da sé un proprio progetto di vita; è virtuosa, perché ricca di senso ed in grado di avvitare una spirale virtuosa tra sviluppo delle conoscenze e sviluppo dell'affettività che è la condizione su cui riposa la possibilità di successo.

La scuola italiana, per don Lorenzo, ha scelto la prima via, la via dell'omologazione e dell'integrazione. Consequenziale l'impianto di una scuola fortemente centralizzata, portatrice di una cultura monolitica, quella della borghesia al potere, che esclude tutte le altre considerate sub-culture, da cui deriva consequenzialmente la scelta monolinguistica e glottocentrica di un

---

[75] Don Lorenzo Milani, *op. cit.*, p. 235.

codice linguistico - standardizzato, pubblico e ufficiale - che cancella e disperde la straordinaria varietà comunicativa esistente tra gli uomini[76],

che, interpretando in forma unica ed irripetibile la realtà e la comunicazione, esclude ed emargina chi questo codice non è in grado di padroneggiare ed usare.

In questo quadro si comprende appieno la nota posizione milaniana che considera il linguaggio un potente strumento o di liberazione delle coscienze o, per converso, di subordinazione e dipendenza, da cui prende corpo l'istanza di una nuova scuola, che faccia dell'educazione linguistica il centro ed il motore primo di ogni attività educativa:

Ciò che manca ai miei è dunque solo questo: il dominio sulla parola. Sulla parola altrui per afferrarne l'intima essenza e i confini precisi, sulla propria perché esprima senza sforzo e senza tradimenti le infinite ricchezze che la mente racchiude[77].

Orientata a questi fini, la scuola pubblica non può che avere un carattere discriminante e selettivo: discriminante per separare i bravi dai cretini, selettivo, perché sceglie coloro che continueranno gli studi e gli altri destinati precocemente all'apprendistato e ai lavori manuali.

La storia di Gianni è emblematica. Svogliato, assente, allergico alla lettura, sapeva tante cose del mondo dei grandi e della vita, ma non gli servivano a scuola, era inadatto allo studio della grammatica, della lingua, della matematica e delle altre materie scolastiche. Agli esami una professoressa gli disse che non si sapeva esprimere. Dalla scuola statale uscì odiando libri e professori, oltre che analfabeta:

Lo so anch'io che Gianni non si sa esprimere. Battiamoci il petto tutti quanti. Ma prima voi che l'avete buttato fuori di scuola l'anno prima. Bella cura la vostra[78].

---

[76] Franco Frabboni, Franca Pinto Minerva, *op. cit.*, p. 11.

[77] Lettera al Direttore del Giornale "Il Mattino" Firenze, *op. cit.*, p.61.

[78] Scuola di Barbiana, *op. cit.*, p.18.

Gianni abbandonò anche Barbiana. Obbediente ed omologato frequenta officina, stadio e sala da ballo, non va in chiesa né frequenta partito o sindacato:

Voi di lui non sapete neanche che esiste. Così è stato il nostro primo incontro con voi. Attraverso i ragazzi che non volete. L'abbiamo visto anche noi che con loro la scuola diventa più difficile. Qualche volta viene la tentazione di levarseli di torno. Ma se si perde loro, la scuola non è più una scuola. É un ospedale che cura i buoni e respinge i malati[79].

Ecco, dunque, il giudizio secco, perentorio, senza appello di don Milani sulla scuola italiana: una scuola ospedale, che non cura ma condanna, una scuola autoritaria che vive fine a sé stessa.

Don Lorenzo e i suoi ragazzi demistificano la falsità di questa scuola, che solo formalmente riconosce il diritto allo studio senza distinzione di sesso, censo o razza, sancito dalla Costituzione Italiana, ma nella prassi resta ancorata al vecchio modello gentiliano, centralista e burocratico. Un sistema di istruzione chiuso e gerarchizzato, rigidamente finalizzato a riprodurre la divisione tra lavoro manuale e lavoro intellettuale, come paradigma della più generale divisione della società in classi. Una scuola strumento ideologico dell'organizzazione del consenso, attorno al nuovo regime democratico uscito vittorioso dalle elezioni del 18 aprile. Una scuola che segna, con i suoi contenuti, con l'organizzazione, con i suoi riti, i diversi destini delle classi sociali italiane: di comando per i figli della ricca borghesia, di subalternità per gli appartenenti alla classe operaia e contadina.

Arriviamo, dunque, al cuore della Lettera: la lezione dei fatti, che don Lorenzo supporta con le prove inoppugnabili della statistica, strumento che il priore maneggia con rara perizia:

Allora facciamo così: abbandoniamo noi le posizioni troppo passionali e scendiamo sul terreno scientifico[80].

---

[79] Ivi, p. 20.

[80] Ivi, p. 34.

L'incarico di raccogliere le statistiche viene dato a Giancarlo un ragazzo di 15 anni, sentenziato come disadattato per la scuola statale:

Da noi carbura bene. Per esempio ora è quattro mesi che è immerso in queste cifre. Non gli pare arida nemmeno la matematica. Il miracolo educativo che abbiamo operato in lui ha una ricetta ben precisa. Noi gli si è offerto di studiare per uno scopo nobile: sentirsi fratello di 1.031.000 bocciati insieme a lui e godersi le gioie della vendetta per sé e per loro[81].

Queste le cifre della selezione: la scuola dell'obbligo perde ogni anno per strada 462.000 ragazzi. Seguendo una classe d'età, quella del '51, lungo il suo corso di studi, i ragazzi di Barbiana dimostrano che su 32 alunni che entrano in prima elementare, alla fine 11 lasciano la scuola nel corso dei cinque anni. Questa non è la scuola delle pari opportunità o del diritto allo studio, è la scuola della disuguaglianza e della ingiustizia:

"La scuola è aperta a tutti. Tutti i cittadini hanno diritto a otto anni di scuola." Tutti i cittadini sono eguali". Ma quegli 11 no[82].

Di questi 11, 2 restano completamente analfabeti, gli altri sono uguali in percentuale variabile con gli anni di scuola: un ottavo, due ottavi, tre ottavi, quattro ottavi, cinque ottavi. Ma quel che è peggio che quegli undici ragazzi scartati sono praticamente assenti dalle statistiche ufficiali dello Stato: non compaiono nei registri scolastici, non compaiono tra la forza lavoro. Eppure lavorano. Di quel lavoro minorile e nero che la legge sulla tutela delle donne e dei fanciulli proibisce per i ragazzi al di sotto dei 15 anni. Una legge, affermano i ragazzi del priore, che vale per la città, non per la campagna:

La razza inferiore non ha fanciulli. Siamo tutti uomini prima del tempo[83].

---

[81] Ibidem.

[82] Ivi, p. 42.

[83] Ivi, p. 44.

É così introdotto l'altro tema fondamentale della critica milaniana alla scuola italiana. Non soltanto selezionatrice ma anche di classe. Sì, di classe! Perché, se correliamo il fenomeno della mortalità scolastica appena delineato con il mestiere del babbo, ci accorgiamo che

Neanche uno di loro è figlio di signori[84].

Su 100 ragazzi che la scuola perde 95 sono di estrazione contadina ed operaia (79 contadini e 16 operai) e appena 5 appartengono ad altre categorie.

Inesorabile e senza appello il responso della ricerca che i ragazzi del priore hanno condotto per diversi anni, attingendo ad annuari statistici, al Ministero, all'ISTAT, alle diverse scuole, raggiunte, anche, per corrispondenza. Inoppugnabile ma amaro. Amaro per l'atteggiamento dei genitori di questi dispersi, perché non conoscono nulla dei meccanismi della dispersione:

Se le cose vanno così, sarà perché il bambino non è tagliato per gli studi. "L'ha detto il Professore. Che persona educata. Mi ha fatto sedere. Mi ha mostrato il registro. Un compito pieno di freghi blu. A noi non c'è toccato intelligente. Pazienza. Andrà nel campo come siamo andati noi[85].

Ritorna, questa volta col consueto tono di denuncia, ma anche con invito implicito ai genitori a organizzarsi, la timidezza, quella stessa timidezza che, inizialmente assunta alla categoria di mistero inspiegabile, ora viene demistificata e ne viene data una spiegazione scientifica. Una timidezza che non è innata ma il risultato della mancanza di un codice linguistico, strumento indispensabile per porsi in ascolto della parola altrui, per coglierne l'intima essenza e i confini, e dall'altra parte per affermare, con la ricchezza di argomentazioni che solo una ragione logica e linguistica opportunamente sviluppata può concedere, le proprie ragioni e i propri diritti.

---

[84] Ivi, p. 42.
[85] Ivi, p. 33.

Dunque, per gli insegnanti, per la scuola, per i genitori stessi gli alunni bocciati sono, non solo svogliati, ma anche cretini. L'affermazione è carica di implicazioni ideologiche: se i cretini appartengono tutti ai poveri contadini

Allora sostenete che Dio fa nascere i cretini e gli svogliati nelle case dei poveri[86].

La risposta, che ci fa cogliere, ancora una volta, la relazione indissolubile tra il prete e il maestro, non scomoda i grandi della epistemologia genetica, per dimostrare l'assurdità della conclusione

che ci sono alunni che dimostrano una insufficienza di carattere organico a frequentare le scuole[87],

secondo quanto sostenuto ai lavori dell'Assemblea Costituente dall'onorevole fascista Mastroianni in sede di stesura dell'art. 3 della Costituzione Italiana, ma è un atto di fede,

Ma Dio non fa questi dispetti ai poveri. É più facile che i dispettosi siete voi[88].

Dunque il dispettoso non è Dio, i dispettosi sono gli uomini. É Dio, sostiene il priore, ad aver dato la ragione agli uomini, perché, congiunta alla fede, possano elevarsi alla contemplazione della Verità

É tanto difficile che uno cerchi Dio se non ha sete di conoscere[89],

e ancora:

Se nel mondo calmo e silenzioso di ieri l'analfabeta si poteva far santo, scaraventato nel frastuono del mondo d'oggi, si gioca sicuramente la fede[90].

Fede e ragione sono per don Lorenzo gli strumenti della sapienza umana. Che ci sia una perfetta assonanza con il pensiero

---

[86] Ivi, p. 60.
[87] Ibidem.
[88] Ibidem.
[89] Ibidem.
[90] Don Lorenzo Milani, *op. cit.*, p190.

di Giovanni Paolo II, basta leggere l'introduzione alla sua ultima Enciclica, Fides et Ratio:

La fede e la ragione sono come le ali con le quali lo spirito umano s'innalza verso la contemplazione della verità. É Dio ad aver posto nel cuore degli uomini il desiderio di conoscere la verità e, in definitiva, di conoscere Lui perché, conoscendolo e amandolo, possa giungere anche alla piena verità su se stesso[91].

Don Lorenzo attinge alla Verità rivelata la giustificazione della uguaglianza, uguaglianza tradita dagli uomini nella storia, percorso umano, individuale e sociale, che dal grembo del Padre riporta a Lui, attraverso un'alterna *peregrinatio* tra peccato e redenzione, in cui "l'uomo, e già il bambino, erra perennemente tra il bene e il male". Ma il principio del bene è in lui stesso, ha come ricettacolo la coscienza e si tratta delle radici di quello che è

lo spirituale organico regolatore dello sviluppo", che debbono germogliare da sé, grazie all'educazione intenzionale che le attiva[92].

Ma il peccato di cui parla don Milani è il peccato sociale della distruzione dell'identità personale che Dio ha concesso anche al povero:

La scuola selettiva è un peccato contro Dio e contro gli uomini. Ma Dio ha difeso i suoi poveri. Voi li volete muti e Dio v'ha reso ciechi[93].

Una distruzione che avviene con una scelta educativa di parte e che inibisce, non già e non solamente lo sviluppo cognitivo ed intellettivo, ma ancor più le stesse possibilità di addivenire alla conoscenza e alla contemplazione della Verità, rese impossibili dall'incapacità del discernimento tra il bene e il male, che è opera della fede, ma di una fede pensosa che si serve di una ragione adulta e matura:

---

[91] Giovanni Paolo II, *op. cit.*, p. 3.
[92] Edoardo Spranger, *La vita educa* (in) Giuseppe Catalfamo, *La filosofia contemporanea dell'educazione*, Angelo Signorelli Editore, Roma, p. 78.
[93] Ivi, p. 106.

con la scuola non li potrò far cristiani, ma li potrò far uomini; a uomini potrò spiegare la dottrina e su 100 potranno rifiutare in 100 la Grazia o aprirsi tutti e 100, oppure alcuni rifiutarsi e altri aprirsi. Dio non mi chiederà ragione del numero dei salvati nel mio popolo, ma del numero degli evangelizzati. Mi ha affidato un Libro, una Parola, mi ha mandato a predicare ed io non me la sento di dirgli che ho predicato quando so con certezza che per ora non ho predicato, ma solo lanciato parole indecifrabili contro muri impenetrabili, parole di cui sapevo che non sarebbero arrivate e che non potevano arrivare[94].

Don Milani non risparmia critiche nemmeno al tentativo di riforma del '62, alla legge istitutiva della media unica. A un'iniziale apprezzamento per la sua stesura letterale e per i programmi:

La maggioranza delle cose scritte lì a noi ci vanno bene. E poi c'è il fatto che la nuova media esiste, è unica, è obbligatoria, è dispiaciuta alle destre. É un fatto positivo[95],

il priore oppone subito le sue riserve sulle modalità di applicazione: la facoltatività dell'istituzione del doposcuola di 10 ore settimanali, l'orario e il calendario che restano immutati, e dunque classisti. E con la sua carica profetica ne anticipa il fallimento:

Fa tristezza solo saperla nelle vostre mani. La rifarete classista come l'altra?[96]

Son passati ben 33 anni da quella profezia, e certamente non v'è insegnante che oggi possa disconoscere che ciò che resta di quella tensione riformatrice si consuma lentamente e inesorabilmente nella separatezza della scuola dalla società, nella incomunicabilità dei saperi scolastici da quelli extrascolastici, nell'incapacità della scuola di saper orientare i giovani a una coerente scelta di vita, in una didattica che abbiamo già definito estemporanea e trasmissiva che

---

[94] Don Lorenzo Milani, *op. cit.*, pp. 200-201.
[95] Scuola di Barbiana, *op. cit.*, p. 30.
[96] Ibidem.

consente solo al 20-30% circa degli allievi di padroneggiare in uscita non più del 70-80% delle abilità obietivo dei programmi di insegnamento nazionali - come mostrano le ricerche di settore - è una didattica fallimentare che non può giustapporre, ad essa medesima, le eventuali attività orientative[97].

Di questo insuccesso don Lorenzo fu purtroppo buon profeta. Rileggiamo le sue illuminanti note a commento del giudizio sull'istituzione della scuola media unica:

Altri hanno in odio l'uguaglianza. Un preside a Firenze ha detto a una signora: "Non si preoccupi, lo mandi da me. La mia è la media meno uni-ficata d'Italia". Giocare il popolo sovrano è facile. Basta raccogliere in una sezione i ragazzi "per bene". Non importa conoscerli personalmente. Si guarda pagella, età, luogo di residenza, (campagna, città), luogo di origine (nord, sud), professione del padre, raccomandazioni. Così vivranno nella stessa scuola due, tre, quattro medie diverse. La A è la "Media Vecchia". Quella che fila bene. I professori più stimati se la leticano. Un certo tipo di genitori si dà da fare per metterci il bambino. La B è già un po' meno e così via[98].

Alla fine della terza media ci sono solo 11 dei 32 ragazzi che sono entrati assieme in prima elementare. La selezione di classe appare ancor più se consideriamo i licenziati della scuola media superiore in correlazione con la professione del padre.

I figli dei liberi professionisti e degli imprenditori si diplomano tutti: 30 su 30. Non altrettanto avviene per le altre categorie professionali che vanno a decrescere a partire da dirigenti ed impiegati 8 su 30, dei lavoratori in proprio 4 su 30 e, infine, lavoratori dipendenti 1 su 30.

Don Lorenzo invita i genitori dei tanti Gianni a leggere la storia della scuola dei propri figli con gli occhi della politica, piuttosto che con la categoria della fatalità. Certo è inquietante, perché dietro le mode v'è un calcolo ben preciso perché Gianni resti tagliato fuori:

---

[97] Gaetano Dominici, *op. cit.*, p. 49.
[98] Scuola di Barbiana, *op. cit.*, p. 32.

Respingerli prima che afferrino le leve[99].

E qui il linguaggio si fa sbrigativo e anche pesante. Gli insegnanti, queste vestali della classe media, sono i guardiani del sistema, gli utili idioti che, armati di penna e registro, tessono (consapevolmente o inconsapevolmente?) gli interessi di un solo padrone, il padrone delle ferriere, che controlla banche, industrie, stampa, mode, il sistema politico e anche la scuola. Si domandano i ragazzi di Barbiana:

Ma per chi lo fate? Che ve ne viene a rendere la scuola odiosa e a buttar Gianni per la strada?[100]

Emerge così la retorica del sistema, il concetto di giustizia astratto, ipocrita e falso che fa dichiarare a un preside che una promozione ingiusta lederebbe l'onore e la dignità della sua scuola, e ancor più a un insegnante che

Passare chi non lo merita è un'ingiustizia verso i più bravi[101].

Ed è così che la selezione raggiunge il suo scopo:

Fra gli studenti universitari i figli di papà sono solo l'86,5%. I figli dei lavoratori dipendenti il 13,5%. Fra i laureati: figli di papà 91,9%, figli di lavoratori dipendenti 8,1%[102].

É grazie alla scuola che la borghesia può mantenere le leve del potere economico, politico, culturale e sociale. I partiti, i giornali, le banche, le industrie sono in mano ai laureati. Anche i partiti dei lavoratori sono in mano ai borghesi laureati. Per un borghese è fine schierarsi coi poveri, ma sarebbe meglio dire porsi

a capo dei poveri[103],

portare loro dall'esterno la coscienza di classe.

3.3 Dalla denuncia al progetto

---

[99] Ivi, p. 68.

[100] Ivi, p. 78.

[101] Ivi, p. 79.

[102] Ivi, P. 75.

[103] Ivi, p. 76.

La lezione di Barbiana non si ferma alla critica severa, alla denuncia e al disvelamento dei meccanismi della selezione di classe della scuola italiana. Sarebbe stato oltremodo facile, per gli avversari del priore, sostenere l'accusa che era un ribelle, un rivoluzionario nel senso deteriore del termine, un individualista irritante e irrispettoso, catastrofista perché scontento esistenzialmente parlando.

L'analisi dei ragazzi del priore va oltre, diventa propositiva. La proposta di una scuola che parta dall'assunto fondamentale che la bocciatura è una sua sconfitta, una contraddizione in termini, che rende antinomiche l'idea dell'educare con quella del bocciare:

Al tornitore non si permette di consegnare solo pezzi che sono riusciti. Altrimenti non farebbe nulla per farli riuscire tutti. Voi invece sapete di poter scartare i pezzi a vostro piacimento[104].

Non solo inconciliabile, ma anche illegale. Don Lorenzo non mostra il minimo dubbio. E non si appella ai programmi e alle finalità della scuola in essi contenute, ma direttamente alla Costituzione Italiana, agli articoli fondamentali sulla scuola che sono l'art. 3 e l'art. 34:

Articolo 3:

Tutti i cittadini hanno pari dignità sociale e sono eguali davanti alla legge, senza distinzione di sesso, di razza, di lingua, di religione, di opzioni politiche, di condizioni personali e sociali. È compito della Repubblica rimuovere gli ostacoli di ordine economico e sociale, che, limitando di fatto la libertà e l'uguaglianza dei cittadini, impediscono il pieno sviluppo della persona umana e l'effettiva partecipazione di tutti i lavoratori all'organizzazione politica, economica e sociale del Paese,

e l'articolo 34:

La scuola è aperta a tutti. L'istruzione inferiore, impartita per almeno 8 anni, è obbligatoria e gratuita. I capaci e meritevoli, anche se privi di mezzi, hanno diritto di raggiungere i gradi più alti degli studi. La Repubblica rende effettivo questo

---

[104] Ivi, p. 81.

diritto con borse di studio, assegnate alle famiglie e altre prov-
videnze, che devono essere attribuiti per concorso.

La Costituzione italiana sancisce per tutti una scuola obbligatoria e gratuita per otto anni. E otto anni non vogliono dire
quattro classi diverse ripetute due anni. Vogliono significare
quel minimo di cultura comune che rende l'uomo cittadino in
grado di partecipare consapevolmente e criticamente alla vita
civile, sociale e politica e farsi protagonista del suo sviluppo.

Don Lorenzo, pedagogo incline alla prassi e così poco all'attività teoretica, anticipa sorprendentemente i risultati della ricerca conoscitiva cui partecipa l'Italia sul piano internazionale,
l'IEA (International Association for the Evaluationo Achieve-
ment) che rivelano, tra l'altro, quanto sia determinante, nella determinazione del successo scolastico soprattutto nell'area umanistica, la provenienza socio-culturale degli allievi e, in special
modo, il livello di istruzione della madre. Non solo al titolo di
studio della madre si riferisce don Lorenzo quando afferma che

Perciò vi contentate di controllare quello che riesce da sé
per cause estranee alla scuola[105],

ma a tutte quelle cause, e di natura biologica (maturazione fi-
sica) e di natura esperienziale (esperienza con l'ambiente fisico
e con l'ambiente socio-culturale) che la sua vita di maestro gli
suggerisce siano i fattori determinanti e qualificanti dello sviluppo, mentre del tutto ininfluente sembra essere il peso dell'organizzazione didattica e l'impiego delle risorse.

E qui ritorna la scelta fondamentale del don Lorenzo prete e
maestro: la scelta preferenziale degli ultimi, l'attenzione per il
bambino che più ha bisogno come si fa nelle buone famiglie:

Allora l'occhio vi correrebbe sempre su Gianni. Cerchereste
nel suo sguardo distratto l'intelligenza che Dio ci ha messa
certo uguale agli altri. Lottereste per il bambino che più ha bi-
sogno, trascurando il più fortunato, come si fa in tutte le fami-
glie. Vi sveglireste di notte col pensiero fisso su lui a cercare
un modo nuovo di far scuola, tagliato su misura sua. Andreste
a cercarla a casa se non torna. Non vi dareste pace, perché la

---

[105] Ibidem.

scuola che perde Gianni non è degna d'essere chiamata scuola[106].

Queste le due parole chiave della proposta milaniana di riforma della scuola: **attenzione agli ultimi** e **promozione umana** in tutta la sua valenza materiale e spirituale. E, tuttavia don Milani comprende che una proposta di riforma che si limiti al terreno precipuamente normativo dei fini e degli obiettivi dell'educazione, sia pure supportati dalle ampie ed articolate motivazioni di ordine antropologico e religioso, ha scarse probabilità di riuscita. Comprende che è necessario confrontarsi anche sul terreno dell'organizzazione didattica e degli assetti istituzionali di sistema. E da questo nasce la proposta della **scuola a tempo pieno**, terza parola chiave della pedagogia milaniana:

Sapete bene che per fare tutto il programma a tutti non bastano le due ore al giorno della scuola attuale. Finora avete risolto il problema da classisti. Ai poveri fate ripetere l'anno. Alla piccola borghesia fate ripetizioni. Per la classe più alta non importa, tutto è ripetizione. Pierino quello che insegnate l'ha già sentito in casa. Il doposcuola è una soluzione più giusta. Il ragazzo ripete, ma non perde l'anno, non spende e voi gli siete accanto uniti nella colpa e nella pena[107].

La critica milaniana all'educazione classista che caccia i poveri si basa anche sull'assunto che una scuola che funziona per poche ore giornaliere deve necessariamente sacrificare aspetti dell'apprendimento legati alle funzioni intellettuali superiori. Finiscono per essere trascurati i processi mentali legati alla creatività, alla sperimentazione diretta, all'autodirezione e all'autonomia, il che porta inevitabilmente a costruire un pensiero convergente a scapito di quello divergente e critico.

Don Milani di certo non sottovalutava che i processi puramente esecutivi e trasmissivi delle conoscenze, siano esse dichiarative o procedurali, sono momenti importanti ed irrinunciabili dell'azione formativa di un maestro, tuttavia, anche se

---

[106] Ivi, p. 82.
[107] Ivi, p. 84.

necessari, non sono sufficienti a realizzare quel processo di liberazione della persona che solo il pensiero critico e divergente può assicurare.

Che il priore avesse perfettamente ragione lo confermano proprio le ricerche IEA già opportunamente citate, che confermano che, fino agli anni settanta, l'apprendimento era prevalentemente

di tipo convergente fondato quasi esclusivamente sulla memoria verbale[108].

Da qui parte l'istanza di un prolungamento dell'attività insegnativa che egli chiama tempo pieno, il quale non va inteso come un'aggiunta di nuovo al vecchio, di doposcuola al tempo normale, ma un modello organizzativo e didattico, centrato su un nuovo concetto di tempo, correttamente inteso come risorsa:

Pierino non è nato di razza diversa. Lo è diventato per l'ambiente in cui vive dopo la scuola. Il doposcuola deve creare quell'ambiente anche per gli altri (ma d'una cultura diversa)[109].

Non più, quindi, il tempo variabile resa indipendente dalla qualità della proposta formativa cui devono adeguarsi gli allievi indipendentemente dal contesto cognitivo di provenienza, come avviene nella prassi didattica tradizionale. Ma un tempo didattico, che, dilatando i tempi effettivi di insegnamento, tiene conto dei diversi stili di apprendimento, del differente possesso dei pre-requisiti, delle differenti affettività verso i diversi compiti dell'apprendimento.

La flessibilità e la diversa utilizzazione sono il criterio fondamentale del tempo pieno a Barbiana: chi si occupava di statistica, chi del giornale, chi ancora di preparare le interviste agli ospiti, chi di costruire le cartine geografiche e via discorrendo, ma tutti insieme partecipavano di quell'arte che è lo scrivere e che a Barbiana era arte collettiva.

Nell'arte dello scrivere collettivo Barbiana sperimenta l'***apprendimento collaborativo*** ma anche le moderne tecniche pedago-

---

[108] Gaetano Dominici, *op. cit.*, p. 21.
[109] Scuola di Barbiana, *op. cit.*, p. 85.

giche dell'École moderne française di Cèlestin Freinet: la tipografia, la costruzione di testi, il lavoro, la corrispondenza, gli schedari autocorrettivi:

Noi dunque si fa così:
Per prima cosa ognuno tiene in tasca un notes. Ogni volta che gli viene un'idea ne prende appunto. Ogni idea su un foglietto separato e scritto da una parte sola. Un giorno si mettono insieme tutti i foglietti su un grande tavolo. Si passano a uno a uno per scartare i doppioni. Poi si riuniscono i foglietti imparentati in grandi monti e son capitoli. Ogni capitolo si divide in monticini e son paragrafi. Ora si prova a dare un nome ad ogni paragrafo. Se non si riesce vuol dire che non contiene nulla o che contiene troppe cose. Qualche paragrafo sparisce. Qualcuno diventa due. Coi nomi dei paragrafi si discute l'ordine logico finché nasce uno schema. Con lo schema si riordinano i monticini. Si prende il primo monticino, si stendono sul tavolo i suoi foglietti e se ne trova l'ordine. Ora si butta giù il testo come viene viene. Si ciclostila per averlo davanti tutti eguale. Poi forbici, colle e matite colorate. Si butta tutto all'aria. Si aggiungono foglietti nuovi. Si ciclostila un'altra volta.
Comincia la gara a chi scopre parole da levare, ag-gettivi di troppo, ripetizioni, bugie, parole difficili, frasi troppo lunghe, due concetti in una frase sola. Si chiama un estraneo dopo l'altro. Si bada che non siano stati troppo a scuola. Gli si fa leggere a alta voce. Si guarda se hanno inteso quello che volevamo dire. Si accettano i loro consigli purché siano per la chiarezza. Si rifiutano i consigli di prudenza[110].

Don Milani si rende conto della portata rivoluzionaria della sua proposta e cerca di esaminare preventivamente il possibile impatto che può avere nei soggetti protagonisti, i docenti, ponendo l'esigenza di una preventiva preparazione:

Il doposcuola va lanciato come si lancia un buon prodotto. Prima di farlo bisogna crederci[111].

---

[110] Ivi, p. 127.
[111] Ivi, p. 85.

Sono pagine tra le più controverse dell'intero scritto. Ma non bisogna lasciarsi ingannare dal tono aspro, duro e, in alcune parti, anche offensivo che il priore utilizza contro la categoria dei docenti. Il giudizio negativo sulle vestali della classe media, giusto nell'approdo finale, è risultato di una visione che potremmo dire confessionale del ruolo e della funzione del maestro nella scuola. La proposta del celibato:

La scuola a tempo pieno presume una famiglia che non intralcia. Per esempio quella di due insegnanti, marito e moglie, che avessero dentro la scuola una casa aperta a tutti e senza orario. Gandhi l'ha fatto. E ha mescolato i suoi figlioli agli altri al prezzo di vederli crescere tanto diversi da lui. Ve la sentite? L'altra soluzione è il celibato[112],

e quella ancor più provocatoria di affidare l'insegnamento nel doposcuola ai sindacalisti:

Le uniche organizzazioni di classe sono i sindacati. Dunque il doposcuola tocca a loro[113],

sono due precise testimonianze.

Al priore non interessa affatto l'analisi che è possibile fare per spiegare la condizione professionale del corpo docente, che era la logica conseguenza

dello scarso valore sociale attribuito all'istruzione, che tendeva a relegare l'istruzione tra le cose ritenute superflue[114].

Non vorremmo azzardare un giudizio che non siamo in condizioni di giustificare, ma che manifestiamo sia pure sotto forma di ipotesi per la riflessione. Ci sembra che proprio questa sottovalutazione sia il vizio di origine dei mali, anche attuali, della scuola: lo scontro tra le due opposte tendenze, quella conservatrice tendente a mantenere lo status quo entro i confini della riforma gentiliana, finalizzata a garantire l'ordine sociale esistente, quella cosiddetta progressista, che tende a costruire una nuova egemonia quella della classe operaia.

---

[112] Ivi, p. 86.

[113] Ivi, p. 87.

[114] Salvatore Agresta, *L'istruzione in Sicilia (1815-1860)*, Samperi, Messina 1995, p. 175.

L'una e l'altra finiscono, almeno sul piano della prassi, a considerare l'istruzione e la scuola in termini meramente funzionali, strumenti di trasmissione della loro cultura con la quale supportare e giustificare il progetto politico, non risorse che sono fondamentali alla più generale strategia di sviluppo economico-sociale, in un contesto di democrazia sociale e politica avanzata.

Pensiamo che al priore non sfuggisse che, in definitiva, la scarsa professionalità e il conformismo che caratterizzavano la stragrande maggioranza dei docenti erano dovuti, da una parte all'ossessivo controllo burocratico operato dalle Direzioni del Ministero della Pubblica Istruzione, attraverso la sua organizzazione rigidamente gerarchica, e dall'altra al basso livello salariale e allo status sociale precario che allontanava dall'insegnamento gli elementi più dotati.

In buona sostanza i docenti italiani di metà secolo ereditavano una situazione di generale arretratezza frutto di scelte politiche orientate a mantenere la scuola cinghia di tramissione e strumento di indottrinamento.

Il modello di maestro che propugna don Lorenzo è un maestro che dedica tutto se stesso e tutto il suo tempo agli altri, a quegli altri che ha liberamente scelto tra due opposte opzioni: i ricchi e i poveri, un maestro apostolo ed evangelizzatore, e trasmette questo concetto ai suoi stessi ragazzi, soprattutto ai più grandi ed esperti, che diventano essi stessi maestri dei più piccoli, realizzando, in tal modo, quel primo grado di apprendimento collaborativo che può essere considerato il *mutuo insegnamento*. Una didattica speciale che risale al secolo scorso, al Bell e al Lancaster, e che si basa sul principio di idoneità degli allievi più grandi, detti monitori a farsi maestri ai più piccoli e meno istruiti, chiamati pupilli. Una metodica in grado di sviluppare i principi di responsabilità e di solidarietà. Un maestro apostolo anche nella volontà e capacità di orientare i colleghi della necessità di prendere consapevo-lezza della frattura esistente tra le realtà socioculturali in cui la scuola opera, di operare efficacemente per il raggiungimento del pieno sviluppo del bambino in quanto persona, nel rispetto della peculiare situazione d'ingresso, di maturare la coscienza dell'unità della cultura e della necessaria ricomposizione tra lavoro manuale e lavoro intellettuale.

Ciò che don Lorenzo propugna per i giovani preti e i seminaristi è estensibile alla classe docente:

C'è chi trova l'equilibrio conformandosi all'ambiente, e allora è facile ma vile e non lo invidiamo. E c'è chi rompe con l'equilibrio conformista e si turba alla lettura o alla visione di ingiustizie, di falsità, di errori e si butta a pensare con la sua testa, a urtarsi con le persone pacifiche, con le usanze, ecc. É evidente che io vorrei che tutti i giovani preti o seminaristi fossero di quest'altro stampo, ma allora nasce urgentemente il problema dell'equilibrio. Perché sulla via maestra del conformismo non si casca mai, mentre sul filo teso dello sporgersi verso i lontani l'equilibrio è un'arte che tutta una vita non ci basterà per apprendere bene[115].

Don Lorenzo trascura che operare nella scuola a quel modo significava mettere in conto, come fu per la scrittrice francese Simone Weil, il rischio di essere cacciato via, radiato dai ruoli. Ma questo al priore non interessa affatto. Lui è stato cacciato, cacciato ed esiliato in una montagna sperduta e solitaria. Chi decidesse di fare l'educatore sappia che non potrà accampare scuse. L'educazione è opera di carità, sacrificio di sé agli altri, afferma Lucien Laberthonnière in Teoria dell'educazione, e don Lorenzo testimonia con la propria vita di rinunce, interamente spesa al bene interiore dei suoi ragazzi, che l'educazione è dono totale, che non sopporta vincoli e restrizioni.

Don Lorenzo si rende perfettamente conto che la sua visione del ruolo e della funzione docente è utopica, che nella realtà storica sono necessarie azioni concrete di riforma politica:

A voi pare tanto importante che i ragazzi vadano a scuola tutti e che ci stiano tutto il giorno. Ne usciranno individualisti e apolitici come gli studenti che c'è in giro. Il terreno che occorre per il fascismo. Finché gli insegnanti e le materie di studio sono

---

[115] Lettera a Don Antonio, *op. cit.*, p. 112.

quel-le che sono, meno ragazzi ci stanno e meglio è. È una scuola migliore l'officina. Per mutare insegnanti e contenuto ci vuole ben altro che la vostra lettera. Questi problemi vanno risolti sul piano politico[116].

E non esita ad assentire con la critica che don Borghi rivolge alla sua scuola:

È vero. Un parlamento che rispecchiasse le esigenze di tutto il popolo e non soltanto della borghesia, con un par di leggi penali vi metterebbe a posto. Voi e i programmi[117].

Emerge in don Milani la concezione della lotta politica come *lotta di classe*, lotta di liberazione dell'uomo per costruire una società giusta e di eguali, perché eguali siamo tutti di fronte a Dio, e non per costruire una nuova egemonia o dittatura di altra classe sulle altre. Una lotta politica attuata non certo con le armi, né attraverso l'economia, bensì con lo strumento della parola:

per andare in parlamento bisogna impadronirsi della lingua[118].

Siamo alla fine della proposta di riforma della scuola avanzata dai ragazzi di Barbiana con la loro lettera. A che cosa deve mirare la scuola? O, per dirla con linguaggio specialistico, quali devono essere i caratteri e i fini generali della scuola?

Sono queste le domande che i ragazzi si rivolgono quasi alla conclusione della lettera. Il fine che don Milani indica, senza mezzi termini, alla scuola italiana è l'uomo, l'uomo integrale, materia e spirito insieme, dotato delle armi della libertà e della facoltà di giudizio, un fine onesto

un uomo che vada bene per credenti e atei[119],

e uno giusto

Il fine giusto è dedicarsi al prossimo[120],

un fine immediato

---

[116] Scuola di Barbiana, *op. cit.*, pp. 92.

[117] Ibidem.

[118] Ibidem.

[119] Ivi, p. 94.

[120] Ibidem.

*Quello immediato da ricordare minuto per minuto è d'inten-
dere gli altri e farsi intendere*[121]
Facoltà di giudizio necessaria ad acquisire progressivamente
una immagine sempre più chiara della realtà sociale, orientata a
un'iniziativa di autoformazione e di sviluppo per la conquista
della propria identità personale e sociale. Libertà come condizione su cui fondare la risposta alla chiamata di fede, libera da
condizionamenti ambientali e autocosciente.

Come non vedere in queste semplici frasi l'assonanza con il
pensiero maritaniano di Umanesimo integrale e Educazione al
bivio?
Leale e dignitoso, sostiene il filosofo francese, è il concetto
scientifico, laico dell'uomo, il risultato verificabile dell'esperienza sensibile, perché, sia pure sprovvisto di contenuto ontologico, esso può procurarci una notevole mole di informazioni
e conoscenze intorno al problema dei metodi e degli strumenti
dell'educazione. Incompleto, però, perché i fondamenti e le direzioni dell'educazione che gli sono preclusi, possono essere
dati solo da una visione filosofico-religiosa dell'uomo, per il
loro intrinseco contenuto ontologico.
Tuttavia la scuola che don Milani propugna è una scuola laica.
Ma il termine laico, lungi dall'essere interpretato come un di-
stanziamento dalle finalità pastorali cui si sentì sempre chiamato per la sua condizione di prete obbediente alla Chiesa, va
correttamente spiegato.
Della laicità don Lorenzo dà due diverse spiegazioni. L'una,
negativa, il rifiuto di qualsiasi dogmatismo ideologico (sia religioso che scientifico), che guarda all'educando come a un oggetto da conquistare, e a questo fine mette in atto processi auto-
ritari di acculturazione discendente, rispetto ai quali al soggetto
non resta che una ricezione passiva ed ossequiosa di verità da
altre confezionate. L'altra, positiva, riposa nell'assunto secondo
cui l'educazione è assiomaticamente laica, perché è scuola

---

[121] Ibidem.

dell'accettazione e del confronto dialettico delle differenti opzioni e immagini della realtà, è scuola di conquista della libertà
di scegliere fra queste diverse opzioni.

Ma don Lorenzo educava in prospettiva evangelica. I fini ultimi della sua azione pedagogico-pastorale erano la conversione
e la professione di fede. Sta forse qui una delle questioni irri-
solte del pensiero milaniano: il suo cedimento a posizioni illuministiche, che fa dire a padre Ernesto Balducci che

*che il luogo ecclesiale specifico della trasformazione di fede
non è la scuola, ecco la componete illuministica, di don Milani,
ma la comunità dove con la libertà si ascolta e con la libertà si
risponde alla Parola di Dio*[122].

---

[122] Ernesto Balducci, *op. cit.*, p. 125.

L'obbedienza
non è più una virtù
(1965)

Il libro contiene tre documenti:
l'Ordine del giorno dei cappellani militari in
congedo in Toscana, che fu pubblicato sul
giornale di Firenze La Nazione;
la Risposta di Don Lorenzo Milani allo scritto
dei cappellani;
la Denuncia di Don Lorenzo Milani da parte
di un gruppo di ex-combattenti;
la Lettera ai giudici del Tribunale penale di
Roma;
la Sentenza di assoluzione in primo grado.

4.1 Diseredati e oppressi

Tradizione e Dottrina ci insegnano che Dio si serve di persone e di piccoli segni, per rivelare i suoi imperscrutabili disegni, per illuminare le menti e il cuore degli uomini, e ricondurli a quella peregrinatio di santità che è il fine cristiano della vita terrena. Scrive opportunamente Giovanni Paolo II nell'Enciclica Fides et Ratio:

In aiuto alla ragione, che cerca l'intelligenza del mistero vengono anche i segni presenti nella Rivelazione. Essi servono a condurre più a fondo la ricerca della verità e a permettere che la mente possa indagare autonomamente anche all'interno del mistero[123].

La vita di don Lorenzo Milani è costituita di pochi e piccoli segni, conferma della sua carica profetica, della diaconia della verità che egli seppe esercitare, momento per momento della sua vita terrena, aborrendo ogni interesse mondano o di carattere politico a favore della causa della verità di Cristo e della sua giustizia, per la quale giocò tutta la sua vita, compromettendola con la testimonianza.

Esiliato a Sant'Andrea di Barbiana, portato fuori dalla Chiesa, fu scelto da Dio, per disvelarci (in quel tempo e luogo della storia) quella parte della sua immagine di Padre che, con espressione approssimativa, indice della nostra limitatezza, possiamo chiamare Dio dei poveri e Dio della Pace. Non v'è più dubbio che Egli si sia rivelato nella scelta preferenziale di don Lorenzo di servire gli ultimi, i reietti di Barbiana. Altrettanto pensiamo abbia rivelato il Suo volto di Dio della Pace attraverso le posizioni che il priore prese sul problema dell'obiezione di coscienza.

La vicenda che lo vide opposto ai Cappellani militari in congedo della Toscana sul significato cristiano da dare all'obiezione di coscienza esprime non solo, come afferma giustamente il Cardinale Piovanelli, la sua carica profetica o il suo anticipo sui tempi, ma soprattutto come seppe svolgere quel servizio alla

---

[123] Giovanni Paolo II, *op. cit.*, p. 20.

verità da cui il cardinale Florit lo chiamò fuori, perché non potesse nuocere agli interessi mondani e ai calcoli politici, e infine la grande dignità cristiana con cui seppe portare la sua croce, per non venir meno ad un impegno di denuncia dell'ingiustizia e del peccato che ad essa soggiace:

Allora scelsi quella via che in quel momento mi parve la via della santità: per nove anni ho badato soltanto a salvarmi l'anima, a accettare in silenzio le crudeltà [...] con cui calpestavate in me un uomo, un neofita, un cristiano, un sacerdote, un parroco cui in diciassette anni di sacerdozio non avevate saputo trovare neanche il più piccolo appiglio per un richiamo, un consiglio un rimprovero.

Ho badato a accettare in silenzio perché volevo pagare i miei debiti con Dio, quelli che voi non conoscete. E Dio invece mi ha indebitato ancora di più: mi ha fatto accogliere dai poveri, mi ha avvolto nel loro affetto. Mi ha dato una famiglia grande, misericordiosa, legata a me da tenerissimi e insieme elevatissimi legami...E m'è improvvisamente saltato all'occhio che la santità non è così semplice come credevo io. Lasciarsi calpestare può essere santo, ma nel calpestare me voi calpestavate anche i miei poveri, li allontanavate dalla Chiesa e da[124].

Un avvenimento di carattere locale, qual è l'assemblea dei cappellani in congedo della regione Toscana, innesca un dibattito nazionale che finirà per avere profondi riflessi sulle stesse posizioni pastorali della Chiesa.

Il 12 febbraio del 1965 viene pubblicato sul quotidiano fiorentino "La Nazione" l'Ordine del giorno che testualmente recita:

I cappellani militari in congedo della regione toscana, nello spirito del recente congresso nazionale della associazione, svoltosi a Napoli, tributano il loro riverente e fraterno omaggio a tutti i caduti per l'Italia, auspicando che abbia termine, finalmente, in nome di Dio, ogni discriminazione e ogni divisione di parte di fronte ai soldati di tutti i fronti e di tutte le divise che

---

[124] Lettera all'arcivescovo di Firenze Ermenegildo Florit, *op. cit.*, pp. 188-189

morendo si sono sacrificati per il sacro ideale di Patria. Considerano un insulto alla patria e ai suoi caduti la cosiddetta obiezione di coscienza che, estranea al comandamento cristiano dell'amore, è espressione di viltà[125].

É l'ultimo capoverso di quel documento ad innescare la miccia della polemica che porterà ad una denuncia per apologia di reato contro don Lorenzo e al relativo processo, per la risposta milaniana arrivata in forma di lettera ai parroci della diocesi e della provincia dal titolo: "Diseredati e oppressi".

Non va sottaciuto che, qualche anno prima nel 1963, ad essere colpito duramente dalla giustizia italiana, per avere pubblicamente preso le difese di un obiettore di coscienza, era stato padre Ernesto Balducci, direttore del periodo cattolico "Testimonianze".

La risposta del priore, con la solita franchezza e forse anche con le consuete schematizzazioni, è un tentativo di spiegare la storia italiana, dall'unità in poi, attraverso la categoria della guerra come aggressione, ricostruzione che la stessa sentenza di assoluzione del Tribunale di Roma definì "ristretta nei limiti culturali ed emozionali".

Potremmo dire, con linguaggio etico, che la giustificazione delle guerre italiane, considerate legittima difesa, è una profonda mistificazione.

Una sola volta, nei cento anni di storia unitaria, c'è stata una guerra condivisibile: la guerra partigiana, che è la sola guerra giusta che don Lorenzo ammette, per essere stata davvero guerra difensiva e per il fine nobile e buono che si prefiggeva: dare la libertà ad un popolo oppresso, anche se questo avverrà a prezzo di morti e gravi lutti.

Don Milani ci dà un chiaro e trasparente esempio di applicazione del principio cristiano della ***dottrina del doppio effetto***. In tutti gli altri casi, sostiene il priore, si tratta di vere e proprie guerre di aggressione, ingiustificate anche dal punto di vista della dottrina della Chiesa.

---

[125] Documenti del processo di Don Milani, *op. cit.*, p.7.

Di aggressione all'Austria la terza guerra d'indipendenza, a seguito dell'alleanza militare italo-prussiana. Guerra che dopo le severe sconfitte di Custoza e Lissa si risolse con l'annessione del Veneto, sancita dalla pace austro-prussiana di Vienna del 3 ottobre 1966. Di aggressione fu la guerra di Libia, iniziata nel settembre del 1911 e culminata nella pace di Losanna con i turchi nell'ottobre del 1912.

Don Milani ha buon gioco nel dimostrare ai religiosi toscani che anche la grande guerra fu una guerra di aggressione. E qui si appella direttamente e senza intermediazioni al sommo magistero di Benedetto XV, che, al di là delle possibili riserve e preoccupazioni per un'Italia schierata a fianco di una nazione repubblicana e anticlericale come la Francia, contro nazioni cattoliche l'Austria e l'Ungheria, interpretò i sentimenti prevalenti delle masse popolari cattoliche a favore della pace, apostrofando la guerra come inutile strage. Emblematica la riflessione milaniana sulla guerra civile spagnola del '36:

Nel '36 cinquantamila soldati italiani si trovarono imbarcati verso una nuova infame aggressione [...]. Erano corsi in aiuto d'un generale traditore della sua patria, ribelle al suo legittimo governo e al popolo suo sovrano. Coll'aiuto italiano e al prezzo d'un milione e mezzo di morti riuscì ad ottenere quello che volevano i ricchi: blocco dei salari e non dei prezzi, abolizione dello sciopero, del sindacato, dei partiti, d'ogni libertà civile e religiosa. Ancora oggi, in sfida al resto del mondo, quel generale ribelle imprigiona, tortura, uccide (anzi garrota) chiunque sia reso d'aver difeso allora la Patria o di tentare di salvarla oggi. Senza l'obbedienza dei volontari italiani tutto questo non sarebbe successo[126].

Ma il paradigma delle guerre d'aggressione è, più di ogni altra, la seconda guerra mondiale:

i soldati italiani aggredirono una dopo l'altra altre sei Patrie che non avevano certo attentato alla loro (Albania, Francia, Grecia, Egitto, Jugoslavia, Russia)[127].

---

[126] Ivi, p. 17.
[127] Ivi, p. 18.

Guerra su due fronti, spiega il priore. Contro i due sistemi che più di altri tentano, non senza errori e incongruenze, di realizzare su questa terra ideali di convivenza civile e sociale: il sistema democratico, che tenta di coniugare libertà e dignità umana, il sistema socialista, che dà priorità a giustizia ed uguaglianza. Fu guerra di odio e razzismo, negazione di ogni tensione morale, sterminio di ebrei e di innocenti.

Don Lorenzo, come si vede, conduce la sua polemica sul terreno costituzionale e storico-ermeneutico, cercando di dare una misurazione delle guerre del popolo italiano alla luce dell'articolo 2:

L'Italia ripudia la guerra come strumento di offesa alla libertà degli altri popoli..........

e dell'articolo 52:

La difesa della Patria è sacro dovere del cittadino

escludendo, a priori, la possibilità di utilizzare la Parola.

Non vi sarebbe storia, d'altronde, a dimostrare la totale estraneità a ogni ipotesi di violenza, di Colui che sacrificò sé stesso per la redenzione dell'umanità, non accettando nemmeno la legittima difesa.

La Chiesa, che è il solo *tribunale* cui don Lorenzo obbedisce per libera scelta, non ha condannato gli obiettori. E come avrebbe potuto, atteso che l'obiezione già esiste nell'ordinamento costituzionale italiano, per via di quel Concordato che i cappellani celebrano e che sancisce il diritto di preti e vescovi all'obiezione.

Dunque, non la Chiesa, ma le leggi dello stato hanno condannato gli obiettori. Ma voi, chiude il priore, non potete arrogarvi il diritto di chiamare vili gli obiettori. Avete erroneamente cambiato prospettiva e significato a un termine che non si presta ad equivoci: la viltà è patrimonio dei molti, l'eroismo dei pochi. E quei pochi che voi avete offeso e deriso non chiedono altro che

di servire la Patria in altra maniera. Chiedono di sacrificarsi per la Patria più degli altri, non meno. Non è colpa loro se in Italia non hanno scelta che di servirla oziando in prigione. [......]. Aspettate a insultarli. Domani forse scoprirete che sono

*dei profeti. Certo il luogo dei profeti è la prigione, ma non è
bello star dalla parte di chi ce li tiene*[128].

Don Milani chiude la sua lettera con un forte appello contro
ogni discriminazione, ma soprattutto contro ogni mistificazione
che scambia l'aggressore con l'aggredito, il carnefice con la vittima, l'errore con la verità:

*auspichiamo che abbia termine finalmente ogni discrimina-
zione e ogni divisione di Patria di fronte a soldati di tutti i fronti
e di tutte le divise che morendo si son sacrificati per i sacri
ideali di Giustizia, Libertà, Verità. Rispettiamo la sofferenza e
la morte, ma davanti ai giovani che ci guardano non facciamo
pericolose confusioni fra il bene e il male, fra verità e l'errore,
fra la morte di un aggressore e quella della sua vittima. Se volete diciamo: preghiamo per quegli infelici che, avvelenati
senza loro colpa da una propaganda d'odio, si son sacrificati
per il solo malinteso ideale di Patria calpestando senza avve-
dersene ogni altro nobile ideale umano*[129].

4.2 Lettera ai giudici del Tribunale penale di Roma

Il 23 febbraio del 1965 don Lorenzo, condannato quasi a
letto dal male incurabile che, di lì a due anni, lo avrebbe condotto alla morte, fece inviare la lettera dal titolo *Diseredati e
oppressi* a tutti i parroci della diocesi. Il giorno 6 del marzo se-
guente, la rivista settimanale ideologica del P.C.I. "Rinascita"
pubblica la lettera a firma del direttore Luca Pavolini.

Un gruppo di ex combattenti denuncia don Lorenzo e la rivista
comunista per apologia di reato, specificatamente per l'esalta-
zione della disobbedienza militare, che nell'ordinamento vi-
gente italiano è reato punibile (dal Tribunale Penale Militare)
con la pena della reclusione. Scatta il procedimento penale

---

[128] Ivi, p. 19.
[129] Ivi, p. 20.

presso il Tribunale Penale di Roma a carico del priore e del direttore della rivista Luca Pavolini. Don Lorenzo viene giudicato contumace, perché, a causa della malattia, non può recarsi a Roma. Scrive una memoria difensiva: *La lettera ai Giudici del Tribunale di Roma*, che diventerà il suo personale inno alla Pace.

Strano tipo questo priore e paradossale il suo comportamento. Padre Balducci nel suo scritto Obbedienza religiosa e obbedienza civile sostiene che don Lorenzo non visse affatto, sul piano religioso, la stagione tormentata della divaricazione tra l'esigenza di obbedienza a Cristo e quella all'istituzione. In buona sostanza, mentre altri, si pensi a don Primo Mazzolari, allo stesso padre Balducci, alla comunità fiorentina dell'Isolotto, punte avanzate di quella tendenza interna al mondo cattolico che fu denominata cattolicità del dissenso, mettevano in crisi il concetto di obbedienza di tradizione tridentina, distinguendo opportunamente tra *oboedientia fidei* e *oboedientia juris*, per cui quest'ultima non poteva più essere ricondotta alla categoria di disobbedienza di fede, don Lorenzo fu singolarmente e conformisticamente obbediente alla Chiesa e alla sua gerarchia. Non lesinò certo critiche e severissimi giudizi all'istituzione, anzi la sua vita e tutti i suoi scritti sono un pungolo continuo al punto da far dire al cardinale Florit che

Il fatto poi che tu sei rimasto per anni parroco a Barbiana, credo sia dipeso da questo: i tuoi superiori hanno creduto di non riconoscere in te la necessaria disposizione alla carità pastorale, ma piuttosto lo zelo fustigatore che ti fa apparire dominatore delle coscienze prima ancora che padre[130],

sono una messa in discussione del principio dell'obbedienza assoluta e cieca ai superiori, vescovi e cardinali, che egli sarcasticamente chiama infallibilità, per cui il priore afferma, che è possibile criticarli, perché son creature fallibili, che necessitano delle nostre obiezioni mosse con spirito filiale, per cui conclude, con espressione limite, che

---

[130] *Lettera del cardinale arcivescovo di Firenze Ermenegildo Florit, op. cit.*, p. 250.

La Dottrina dice che il Papa è infallibile. Eretico è chi nega ed eretico è chi estende ad altri questo attributo[131].

Don Lorenzo, distinguendo opportunamente tra istituzioni ecclesiali ed ecclesiastiche e istituzioni temporali cristiane o d'ispirazione, risolve il conflitto tra critica ed obbedienza, a favore della seconda, rimanendo sempre obbediente e fedele alle istituzioni ecclesiali e perennemente in contrasto con le altre. In lui è sempre presente e cosciente il motivo per cui è diventato prete e per cui si mostra docile all'istanza gerarchica che identificava *tout court* con la Chiesa, comunità di fedeli che attraverso il sacramento del perdono apre le porte della salvezza:

Noi la Chiesa non la lasceremo mai perché non possiamo vivere senza i suoi Sacramenti e senza il suo Insegnamento. Accetteremo da lei ogni umiliazione, anche, se sarà necessario, di inginocchiarci davanti a Gedda caudillo d'Italia, ma ce lo dovrà dire il Papa con atto solenne che ci impegni nel Dogma[132].

A questo obiettivo di salvare la sua anima dedica tutto se stesso con un rigore morale ancor oggi ritenuto dai più, unico:

Non mi ribellerò mai alla Chiesa, perché ho bisogno più volte alla settimana del perdono dei miei peccati e non saprei da chi altri andare a cercarlo quando avessi lasciato la Chiesa[133].

All'obbedienza religiosa faceva da contraltare la disobbedienza civile.

Don Lorenzo arriva alla conclusione che indica come atto indilazionabile

Avere il coraggio di dire ai giovani che essi sono tutti sovrani, per cui l'obbedienza non è più una virtù, ma la più subdola delle tentazioni, che non credano di potersene far scudo né davanti agli uomini né davanti a Dio, che bisogna che si sentano ognuno l'unico responsabile di tutto[134],

---

[131] *Lettera a Nicola Pistilli, op. cit.,* p.119.
[132] Ivi, p. 120.
[133] Lettera a padre R. Santilli (in) *Lettere di don Lorenzo Milani, op. cit.,* p. 90.
[134] *L'obbedienza non è più una virtù, op. cit.,* p. 51.

attraverso un sintetico ragionamento di teologia morale sul significato di responsabilità in solido, che fa, come sua abitudine, non con fine disquisizione teoretica, ma attingendo alla saggezza della tradizione popolare:

Tant'è ladro chi ruba che chi para il sacco[135].

Dunque per don Lorenzo il soldato che esegue un ordine sbagliato e immorale non può più tacitare la propria coscienza sull'applicazione del principio di autorità e di obbedienza e autoassolversi dalla co-responsabilità che detiene con i suoi superiori per quell'atto immorale. Il soldato, il più semplice che esista, è titolare, a pieno titolo, di una coscienza che deve saper interpellare, onde discernere ciò che di un comando è lecito e moralmente ammissibile (e quindi va eseguito) da ciò che, invece, di un comando è immorale e soggetto a disobbedienza:

il soldato ha una coscienza e deve saperla usare quando è ora. Come potrebbe avere un minimo di parvenza di legittimità una decimazione, una rappresaglia su ostaggi, la deportazione degli ebrei, la tortura, una guerra coloniale?[136]

Non è difficile al priore dimostrare come questo importante principio di filosofia morale sia recepito dalla giurisprudenza, che all'art. 51 del c.p. prescrive, per l'appunto, che il soldato non deve obbedire a comandi di carattere manifestamente delittuoso. Tuttavia per don Lorenzo, che tende a dimostrare la superiorità della legge morale rispetto a quella civile dello Stato, sarebbe una contraddizione appellarsi alla legge statuale, che si vuole di rango inferiore, per questa ragione torna a privilegiare la legge morale che scaturisce dal cuore degli uomini, ove è scritta per iniziativa di Dio o della Coscienza. Per questa legge morale l'umanità tutta considera giuste le condanne di Norimberga e Gerusalemme a quei soldati che, avendo obbedito ai comandi dei loro superiori, si sono resi responsabili di crimini contro l'umanità.

Quella appena descritta è la parte finale della prima sezione del documento. Don Lorenzo, infatti, affronta il problema

[135] Ivi, p. 50.
[136] Ivi, p. 47.

dell'obiezione di coscienza per cui è processato, da due punti di vista, diversi e complementari al tempo stesso: dal punto di vista del maestro e da quello altrettanto significativo del prete. Come maestro, afferma il priore, avevo il dovere morale di parlare dell'obiezione di coscienza indipendentemente dal possibile risvolto penale. Il motivo occasionale è stato il documento dei confratelli cappellani, ai quali va ripetuto I care, motto della scuola di Barbiana, che si traduce con l'italiano m'importa, che è l'esatto contrario del motto fascista me ne frego. Quello certamente più serio attiene alla funzione di maestro che svolge nella sua piccola scuola di campagna.

Don Milani, si sa, espone spesso il suo pensiero per para-dossi e provocazioni. E anche in questo caso non resiste alla tentazione di presentare l'azione penale come un paradosso. Perché la chiave di questo processo sta proprio qui, in questo para-dosso, che è il fatto che

io maestro sono accusato di apologia di reato cioè di scuola cattiva. Bisognerà dunque accordarci su ciò che è scuola buona[137].

La scuola, per don Milani, è cosa assai diversa dall'aula d'un tribunale. A quest'ultima concorre in modo esclusivo la legge, data anche nella sua interpretazione, con cui bisogna giudicare anche quando essa si dimostri ormai palesemente superata, ingiusta e non sia stata ancora cambiata. Alla scuola concorrono fattori umani, materiali e ideali che la proiettano fra il passato e il futuro, alla ricerca di ciò che rappresenti un nuovo e più avanzato senso di legalità. La scuola e i suoi soggetti il maestro e l'allievo, sono fuori dall'ordinamento giuridico. Il ragazzo, in quanto persona in formazione, non ancora perfettamente sovrano, non può essere chiamato a render conto delle sue azioni che sul piano morale. Altrettanto dicasi per il maestro che, al servizio di un compito educativo di formazione del concetto di legalità, un concetto alto, non statico ma dinamico, di quel dinamismo che è ricerca concettuale e semantica, che gradualmente e progressivamente fa aderire la legge civile all'unica

---

[137] Ivi, pag. 36.

legge morale valida e universale che è quella dell'amore e della carità, in una compiutezza mai raggiunta,

> *deve essere per quanto può profeta, scrutare i "segni dei tempi", indovinare negli occhi dei ragazzi le cose belle che essi vedranno chiare domani e che noi vediamo solo in modo confuso*[138].

L'unico modo d'amare, sostiene il priore, non può, dunque, essere l'obbedienza alle leggi. C'è un altro tipo d'amore che don Lorenzo chiama

> *amore costruttivo per la legge*[139],

imparato a Barbiana sui dialoghi socratici di Platone, l'autobiografia di Ghandi, le lettere del pilota di Hiroshima e, soprattutto, nei quattro Vangeli, che deve portare i giovani a disobbedire alla legge, quando essa è ingiusta, e a battersi per cambiarla. La disobbedienza non è contro il sistema, né è finalizzata a scardinarlo, bensì a renderlo migliore.

Ecco l'amore costruttivo di cui parla don Lorenzo. Un amore che richiede una grande tensione morale, quella stessa che

> *fa violare la legge di cui si ha coscienza che è cattiva e accettare la pena che essa prevede*[140].

Altro che vili, gli obiettori di coscienza. Sono, invece, profeti del nuovo tempo. Maestri di quella scuola più grande che è la scuola della parola e dell'esempio.

E qui ritorna il rigore etico che è la causa prima delle tante sue angustie terrene. Perché di fronte alla intransigente coerenza che caratterizza i suoi comportamenti, pubblici e privati, all'attenzione che pone, per conservare l'integrità morale e religiosa, i sentimenti che don Lorenzo ispira sono di duplice natura: di ammirazione da parte delle persone più aperte, colte, sensibili; di fastidio e invidia, fino a rasentare l'odio, in coloro che, richiamati dal suo esempio a una condotta di vita improntata all'amore e alla carità, dalla cristianità autentica del maestro, speri-

---

[138] Ivi, p. 37.
[139] Ivi, p. 38.
[140] Ibidem.

mentavano una sorta di inadeguatezza appresa che li portava facilmente a comportamenti reattivi di contrasto che non di rado sfociavano nell'ingiuria e nella calunnia, pur di demolire l'avversario.

La seconda parte della lettera è tutta tesa a dimostrare la sua perfetta ortodossia rispetto alla dottrina cristiana, e per questo, don Lorenzo rivendica la sua integrale appartenenza alla Chiesa:

Ma io son parte viva della Chiesa anzi suo ministro. Se avessi detto cose estranee al suo insegnamento essa mi avrebbe condannato. Non l'ha fatto perché la mia lettera dice cose elementari di dottrina cristiana[141].

Il principio della disobbedienza ai comandi moralmente ingiusti è sancito dal Concilio tridentino, che lo ha codificato nel Catechismo:

Se le autorità politiche comanderanno qualcosa di iniquo non sono assolutamente da ascoltare. Nello spiegare questa cosa al popolo il parroco faccia notare che premio grande e proporzionato è riservato in cielo a coloro che obbediscono a questo precetto divino[142].

Ma più ancora, la Chiesa che onora e santifica i suoi martiri, per la disobbedienza alle leggi civili, è l'esempio vivente del primato della legge di Dio su ogni altra.

San Pietro

l'umile pescatore che ha pagato con la vita il contrasto tra la sua coscienza e l'ordinamento[143],

secondo la cattiva coscienza dei cappellani sarebbe un cattivo cittadino.

Tuttavia don Lorenzo non individua un contrasto insanabile tra lo Stato e il suo ordinamento da una parte e la legge suprema della carità e dell'amore dall'altra, tutt'altro. Lascia intravedere la sua personale idea di progresso, che è tutta intessuta della sua profonda fede religiosa, per cui il progresso è un progressivo

---

[141] Ivi, p. 52.
[142] Ivi, p. 54.
[143] Ivi, p. 55.

accostamento dell'ordinamento della umana convivenza alla legge di Dio:

Tutto questo è un irreversibile avvicinarsi alla legge di Dio[144]

e già oggi questo isomorfismo tra i due ordinamenti è così grande che solo in rarissimi casi cristiano e cittadino finiscono per non combaciare.

L'approssimarsi della vita terrena al Regno è dimostrata dal progresso realizzato dalle leggi civili, che oggi, molto più di ieri, aborriscono la pena di morte, l'assolutismo, la monarchia, la censura, le colonie, il razzismo, l'inferiorità della donna, la prostituzione, il lavoro dei ragazzi.

Non tragga in inganno questa idea milaniana dell'approssimazione progressiva dell'ordine temporale a quello soprannaturale. Non è in virtù, né in forza, dello sviluppo progressivo della ragione che avviene questo progressivo accostamento, bensì per intervento diretto della Grazia che il tempo e la storia possono essere riscattati della loro insignificanza e assurgere a sembianza della Città Eterna.

V'è dunque in don Lorenzo l'idea che il tempo e la storia possono e debbono essere vissuti come fattore di speranza e non certo di disperazione. Un concetto che lo accomuna, come altri, al pensiero di Jacques Maritain. Il filosofo francese, uscito dalla sua crisi esistenziale con la conversione al cattolicesimo, sostiene infatti che:

Lo sviluppo storico dell'umanità, visto nel suo insieme malgrado i periodi di stagnazione o di regressione manifestatisi in certe epoche e in certi luoghi, procede verso stadi migliori e più elevati. É un dovere dargli fiducia, nonostante tutto; se il male cresce assieme al bene (con quanto vigore! Bisogna essere uno dei nuovi benpensanti drogati dalle virtù cosmogonali per notarlo), il bene però cresce maggiormente[145].

---

[144] Ivi, p. 56.
[145] Jacques Maritai, *Il contadino della Garonna*, (in) *Umanesimo integrale*, Edizioni Borla, Roma 1980, p. 50.

Un caso in cui permane ancora l'antica divergenza è l'obiezione di coscienza. Anche questa divergenza, afferma don Lorenzo, deve cadere e così restituire dignità ed onore a chi ha pagato in prima persona per la testimonianza di un ideale alto e religioso.

La Chiesa conforta il priore in questo suo anelito di giustizia. Don Lorenzo conosce già la disposizione (l'ha avuta da padre Balducci) e ne è rallegrato, con cui il Vaticano II afferma il valore cristiano dell'obiezione di coscienza. Quindi conclude alla sua maniera lapidaria e sentenziante:

Non è motivo per non fare fino in fondo il nostro dovere di maestri. Se non potremo salvare l'umanità ci salveremo almeno l'anima[146].

4.3 La sentenza di assoluzione

Il 15 febbraio del 1966 il Tribunale Penale di Roma assolve don Lorenzo dall'accusa di apologia di reato. Il dispositivo della sentenza sancisce che la sua battaglia per il riconoscimento dell'obiezione rientra fra i diritti di libera espressione garantiti dalla Carta Costituzionale.

D'altra parte l'attività dell'imputato ben si può inserire nel quadro del movimento di propaganda per l'abrogazione o la modificazione di legislazione ritenuta "in subiecta materia" iniqua e dannosa, il che in uno Stato libero come il nostro è esplicazione della facoltà di critica delle leggi ed espressione di collaborazione per un migliore ordinamento giuridico anziché lesione o messa in pericolo di pubblici interessi. Il Milani, pertanto, va assolto dal delitto ascrittogli trattandosi di persona non punibile perché il fatto non costituisce reato[147].

Nel merito, poi, della polemica che lo contrappone ai cappellani militari, il Tribunale non risparmia critiche agli stessi, definendo ingiurioso il documento, almeno nella parte ove si

---

[146] *L'obbedienza non è più una virtù, op. cit.*, p. 62.

[147] Ivi, 82.

qualificano gli obiettori come persone vili. E per tale ragione, avendo gli stessi cappellani fatto largo uso della libertà di pensiero, non si vede come la stessa facoltà possa essere preclusa al Milani. In appello verrà, invece, condannato, ma ormai Lorenzo Milani Comparetti non è più di questo mondo. L'agognata meta, per cui aveva lavorato dando tutto se stesso ai poveri e a Cristo, era stata finalmente raggiunta.

Parte II

Don Milani
tra Chiesa e società civile

Fede e ragione
in
don Lorenzo Milani

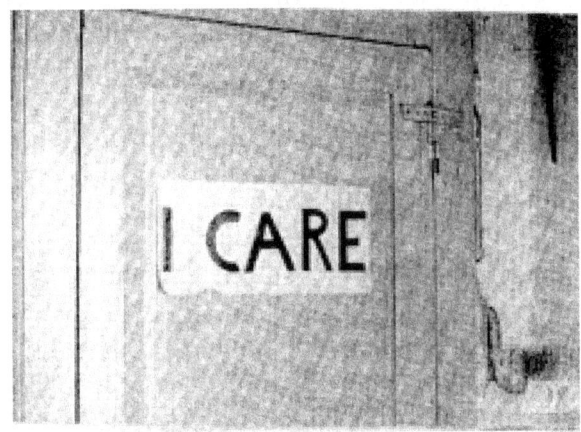

Ci sembra utile ai fini di una corretta interpretazione, iniziare con una preliminare chiarificazione del senso personale che attribuiamo, in questo saggio, ai termini filosofia e teologia.

Pensiamo che filosofare sia prerogativa dell'uomo, di ogni singolo uomo capace di interrogarsi sui problemi fondamentali della realtà, con una varietà di metodi (razionale, intuitivo, induttivo), di analisi critica e di riflessione, per costruirsi una propria concezione di vita, cui ispirare le linee di condotta morale, civile, politica e religiosa. Intendiamo, quindi, la filosofia in un'accezione ampia, nel senso originario greco di filosofia, cioè amore della sapienza, tentativo progressivo mai compiuto ed appagato di conoscere il Vero, amore che nasce dal cuore dell'uomo, perché, come giustamente afferma Giovanni Paolo II

É Dio ad aver posto nel cuore dell'uomo il desiderio di conoscere la verità e, in definitiva, di conoscere Lui perché, conoscendolo e amandolo, possa giungere anche alla piena verità su se stesso[148].

É questa l'accezione di significato che ci piace dare alla filosofia, ampia e non necessariamente sistematica, per cui ogni uomo capace di riflettere sulla sua e altrui vita e sulle condizioni come questa si realizza nella storicità, è da considerare filosofo.

Così come ogni credente che si interroga sui fini ultimi, sulla esistenza di Dio, sull'esperienza religiosa in rapporto alla Rivelazione, riteniamo possa considerarsi un teologo. Se, infatti, la ricerca teologica è finalizzata

a cercare la soluzione dei problemi umani alla luce della rivelazione, ad esempio le verità eterne alla mutevole condizione di questo mondo[149],

ogni cristiano è teologo, a prescindere dal grado di coerenza logica e metodologica della sua ricerca personale.

Ora se la storia è

il luogo della mediazione ermeneutica della verità[150],

---

[148] Giovanni Paolo II, *op. cit.*, p. 3.
[149] Bruno Forte, *op. cit.*, p. 72.
[150] Ivi, p. 73.

è in essa che si manifesta la Verità cristiana oggettiva ed eterna. La sua ricerca, atto di fede, non solo comunitaria perché avviene all'interno della Chiesa corpo mistico di Gesù, depositaria e diacono delle verità rivelate, ma, anche, personale, affidamento umano totalmente libero e individuale, presuppone

una determinata comprensione di Dio, delle immagini del Dio a cui ci si affida[151],

comprensione che, ovviamente, è parziale, incompleta, insufficiente e mai compiuta, atteso che la compiutezza avverrà solo nell'attimo finale in cui si compirà la storia in modo ultimo e definitivo.

Don Lorenzo Milani visse la sua breve esistenza nel bel mezzo di un secolo particolare e drammatico, il secolo breve, per usare una felice definizione dello storico Eric Hobsbawm che abbiamo già ricordato. Come tutti i credenti, vive con sofferenza la dualità e il travaglio interno della sua Chiesa. Impegnata, da una parte a far da argine alla crescente scristianizzazione, che comportava una progressiva marginalizzazione dei valori tradizionali della visione cristiana della vita, anche nelle forme della organizzazione politica, dall'altra a ricercare forme di dialogo con la nuova società, plasmata dalla forza emancipatrice della ragione illuministica e positivistica, che, liberando l'uomo da ipoteche ultramondane, lo rendeva sempre di più signore ed arbitro della propria storia.

Il mondo cattolico, sfidato dalla ragione vincente, assiste preoccupato alla sua marginalizzazione, soprattutto quando si afferma una nuova concezione gerarchica discendente del sapere che ha il suo apice nella scienza e l'intermedio nella metafisica e relega la teologia nel gradino più basso, con la fede che viene assimilata a mito e superstizione. Una concezione che, oggi, Giovanni Paolo II contesta, accusando la ragione di eccessiva pretesa, allorché vuol ricondurre tutti i significati dell'umana esistenza all'uomo stesso, errore di cui sono chiare espressioni

---

[151] Enzo Bianchi, *La fede è un rischio.* in MicroMega Almanacco di filosofia, n. 2 del 2000, Gruppo Editoriale L'Espresso, p. 75.

la mentalità positivistica, l'idealismo, l'umanesimo ateo, il nichilismo, il pragmatismo.

La Chiesa non si fa trovare impreparata, però, quando la crisi dalla ragione totalizzante, che ha prodotto due antitetiche filosofie della storia, l'ideologia borghese del progresso da una parte e quella marxista della rivoluzione dall'altra, incapace di *conciliare le contraddizioni del reale*[152] , prende la deriva del relativismo, che, dicendo addio a tutte le certezze, sostituisce le verità con la propaganda, trapassa nel postmoderno inteso come tempo di pensiero debole, negativo, che non sa dare spiegazioni, per cui restano totalmente incomprensibili all'uomo post-moderno, la povertà e la ricchezza, la felicità e l'infelicità, la gioia e la sofferenza, il dolore e il piacere, la vita e la morte.

Reagisce, non certo con l'arroccamento nel vecchio modello dogmatico e teocratico ormai in crisi, ma accogliendo positivamente le istanze di rinnovamento ecclesiologico tese a riscoprire la dimensione interiore e spirituale e la capacità di stare nel mondo, in un mondo ove gli squilibri economici e culturali impongono una scelta chiara e risoluta a favore dei poveri.

Il Concilio Vaticano II, i Pontificati di Giovanni XXIII, di Paolo VI, di Giovanni Paolo II, le tante lettere encicliche non sono che chiare espressioni di questo che possiamo definire il nuovo giorno della Chiesa universale, capace di coniugare la dimensione dell'impegno temporale con quella più prettamente spirituale dell'annuncio evangelico. E come ogni giorno ha la sua alba, così il giorno nuovo della Chiesa ha avuto la sua, che possiamo situare nel tempo immediatamente precedente il Concilio Vaticano II. Di quest'aurora del nuovo giorno don Lorenzo Milani è parte fondamentale e costitutiva.

Accusato dal suo vescovo, il cardinale Ermenegildo Florit, di deriva illuministica,

---

[152] Bruno Forte, *op. cit.*, p. 92.

Questo, in fondo, era il difetto anche del tuo libro Esperienze pastorali, nel quale la battaglia contro ogni altro metodo pastorale che non fosse la scuola (così almeno fu inteso) ti fece apparire un po' illuminista[153],

don Lorenzo, in realtà, anticipa, più sul piano della prassi che su quello della teoresi, il tentativo di superare la scissione federagione, per ricondurre l'uomo, ricostruito nella inscindibile unità di materialità e spiritualità, alla riscoperta autocosciente della sua dimensione di trascendenza:

La storia la insegna Dio e non noi, e l'unica cosa cui ambisco è di capire il suo disegno man mano che egli lo svolge, non ambisco a levargli il lapis di mano e pretendere di diventare un autore della storia[154].

In questo senso possiamo considerare don Milani un teologo della prassi, nel significato che rileviamo dalla definizione di Bruno Forte come

l'azione di coscienza svolta da credenti in favore della giustizia e della pace, in vista di un ordine economico più attento alle esigenze della solidarietà verso i più deboli[155],

atteso che operare per la giustizia e testimoniare con la propria vita la solidarietà agli ultimi è atto costitutivo dell'essere cristiano.

Capire il disegno di Dio richiede una personalità che sa porsi nella dimensione dell'ascolto, e al tempo stesso una umanità riscattata dalla povertà materiale e, soprattutto, dall'oppressione culturale.

L'una è atto di fede, di abbandono del cuore, di fiducia nell'Altro che si auto-svela, che si propone come l'orizzonte di senso delle domande dell'uomo che si interroga sui problemi ultimi: chi sono? perché vivo? che ne sarà di me dopo la morte? esiste Dio?

L'altra è il frutto dell'educazione, quell'educazione che il priore intende come liberazione delle coscienze, coscientizzazione della comune situazione di oppressione, recupero

[153] *Lettera del cardinale Florit, op. cit.,* p. 249.
[154] *Lettera a don Antonio, op. cit.,* p. 113.
[155] Bruno Forte, *op. cit.,* p. 19.

(del)l'identità della memoria che gli fa percepire l'immensa dignità del dolore passato, del dolore dei vinti, e impara a leggere con occhi nuovi il presente, cogliendo rapporti iniqui di dipendenza dove prima vedeva il frutto della fatalità o il prezzo di un'antica colpa di arretratezza e progetta passi concreti verso la liberazione[156].

Fede e ragione sono entrambe necessarie all'uomo, per conoscere e amare Colui che queste facoltà gli ha impresso nella sua coscienza.

Don Lorenzo è uomo di profondissima fede. Questo non lo contesta nemmeno il suo vescovo, che pur lo esilia a Sant'Andrea di Barbiana, per indurlo al silenzio:

Tu sei di quelle persone che certo rendono a modo loro testimonianza al Signore perché credono in lui e si sacrificano, ma che sono anche spiritualmente dei solitari[157]

La fede di don Lorenzo è innanzi tutto un atto di cosciente abbandono, un rischio come la chiama Enzo Bianchi, priore del monastero di Bose, non un'assicurazione, non una riserva di certezze, ma certezza interna al rischio della fede stessa,

al suo essere un'uscita da sé per affidarsi a Dio[158].

E don Milani seppe uscire da sé con molta discrezione. Abbandona la famiglia originaria, il lusso, gli onori di una possibile e brillante carriera intellettuale, per servire Dio attraverso gli ultimi, e anche in questa diaconia della verità sceglie di essere lui personalmente ultimo, resistendo alle lusinghe di una possibile carriera nel mondo ecclesiastico:

Quando avrai perso la testa, come l'ho persa io, dietro poche decine di creature, troverai Dio come un premio. Ti toccherà trovarlo per forza perché non si può far scuola senza una fede sicura. È una promessa del Signore contenuta nella parabola delle pecorelle, nella meraviglia di coloro che scoprono se stessi dopo morti amici e benefattori del Signore senza averlo nemmeno conosciuto. "Quello che avete fatto a questi piccoli

---

[156]Ivi, pp. 24-25.

[157] *Lettera del cardinale Florit, op. cit.*, p. 249.

[158] Enzo Bianchi, *op. cit.*, p.76.

ecc." É inutile che tu ti bachi il cervello alla ricerca di Dio o non Dio. Ai partiti di sinistra dagli il voto, ai poveri la scuola subito prima d'esser pronta, prima d'esser matura, prima d'esser laureata, prima d'essere fidanzata o sposata, prima d'esser credente ti troverai credente senza nemmeno accorgertene[159].

Don Lorenzo non ama teorizzare, teme di parlare di Dio e della fede. Comprende che l'uomo è incapace, per limiti costitutivi, di trovare l'espressione adeguata, la parola definitiva su Dio e sulla fede e preferisce affidarsi alla forza prorompente dell'esempio e della vita cristianamente vissuta:

Quando ci si affanna a cercare apposta l'occasione di infilar la fede nei discorsi, si mostra di averne poca, di pensare che la fede sia qualcosa di artificiale aggiunto alla vita e non invece un modo di vivere e di pensare. Ma quando questa occasione non si cerca, purché si faccia scuola e scuola severa, si presenterà da sé, sarà anzi sempre presente e nei modi più impensati e meno coscienti. Lungo l'anno i giovani ci vedranno agire, reagire, pensare, rispondere in mille occasioni diverse, sempre eguali a noi stessi, sempre senza sforzo presenti alla nostra visione di vita[160].

Dubita anche dell'utilità del catechismo per due ordini di ragioni: l'uno, di carattere generale, perché le verità di fede non possono essere trasmesse, esse sono null'altro che accostamenti, approssimazioni, avvicinamenti alla verità, espresse in forma linguistica imperfetta, e sono il frutto, parziale e mai definitivo, della ricerca personale; l'altro di carattere contingente e locale, perché ai suoi fedeli questa ricerca personale è inibita per mancanza di formazione linguistica e logica.

Un secondo elemento che possiamo cogliere nella vita del priore è la fede intesa come atto di libertà. La libertà è l'atto costitutivo della fede, libertà di scegliere Dio o il mondo, il finito o l'Infinito, il Tutto o il nulla:

---

[159] Lettera a N. Neri, (in) *Lettere di don Lorenzo Milani, op. cit.,* pp. 245-246.
[160] Don Lorenzo Milani, *op. cit.,* p.238.

Una leggenda rabbinica favoleggia di un fiume in terre lontane, un fiume così pio che durante il sabato cessava di scorrere. Se in luogo del Meno attraverso Francoforte scorresse quel fiume, senza dubbio tutti quanti gli ebrei di Francoforte osserverebbero scrupolosamente il sabato. Ma Dio non opera tali segni. Egli ha palesemente orrore della inevitabile conseguenza: che in tal caso proprio i meno liberi, i timorosi e i meschini diverrebbero i "più pii". E sì, si sa, Dio vuole per sé soltanto uomini liberi[161].

É possibile, allora, parlare di Dio a uomini prigionieri e oppressi? Come è possibile annunciare l'amore di Dio che libera a uomini che soffrono di morte prematura e ingiusta? Con quale linguaggio annunciare che sono considerati figli di Dio?

A queste domande, che traiamo dal pensiero di Gustavo Gutiérrez, teologo della liberazione, don Lorenzo non solo non è estraneo ma risponde categoricamente no, che questo non è possibile. E qui scopriamo una nuova dimensione di don Lorenzo Milani, la dimensione che fa dire a padre Balducci che per la sua scelta a favore degli oppressi

la sua teologia era ante litteram la teologia della liberazione[162].

Si delineano, in tal guisa, le linee dell'azione pastorale alimentate dalla sua profonda fede, di questo precursore della teologia della liberazione.

Innanzi tutto la mediazione socio-analitica che porta don Lorenzo ad individuare nei fenomeni di condizionamento socioculturale gli strumenti di oppressione e di sfruttamento dei poveri di Calenzano e di Barbiana. La questione sociale per il priore non è questione economica, è prioritariamente e fondamentalmente una problematica educativa e culturale.

---

[161] F. Rosezweig, *La stella della redenzione* (in) Bruno Forte, *op. cit.*, p. 103.
[162] E. Balducci, *op. cit.*, p. 59.

La sua ricerca sulla formazione religiosa e su quella civile fa scandalo. Un prete che si confronta apertamente con la modernità, che utilizza gli strumenti di indagine della scienza positiva e che pretende con essa di spiegare la realtà dell'uomo è quasi un eretico. Un eretico che per la sua imprudenza presta argomenti al nemico:

l'atteggiamento che assumi nelle tue polemiche, nelle tue denunce, esprime certamente un sincero amore della verità, di Dio, dei poveri, ma non di rado ferisce gli altri oppure offre occasioni o pretesti a chi vuol colpire la Chiesa o non la conosce[163],

e ancora

I suoi interventi, che sanno di classismo, sono immediatamente strumentalizzati e distorti, a prescindere dalle sue intenzioni dalla stampa comunista[164].

Al priore la prudenza della Chiesa fiorentina attenta a non turbare gli equilibri economico-sociali e politico-istituzionali alla vigilia della contestazione studentesca ed operaia del biennio rosso, non interessa:

Non potrei vivere nella Chiesa neanche un minuto se dovessi viverci in quest'atteggiamento difensivo e disperato. Io ci vivo e ci parlo e ci scrivo colla più assoluta libertà di parola, di pensiero, di metodo, di ogni cosa[165].

Egli è totalmente assorbito dalla sua missione, che si esprime nell'assoluto bisogno di tradurre il Vangelo in regole di vita e nella ferrea volontà di assicurare ai suoi poveri di Calenzano prima, e di Barbiana poi, il dominio sulla parola, cioè quella formazione linguistica e logica che considera il pre-requisito per avviarli all'ascolto cosciente della Parola di Dio.

Don Lorenzo comprese con anticipo sui tempi quello che di lì a qualche mese fu sancito a chiare lettere dal Concilio, cioè non

---

163 *Lettera del cardinale E. Florit, op. cit.*, p. 249.
164 Ivi, p. 201.
165 Lettera a G. Pecorini, (in) *Lettere di don Lorenzo Milani, op. cit.*, 133.

ci può essere antinomia tra cultura e fede, che il disaccordo passato tra cultura umana e dottrina cristiana deve tramutarsi in accordo, che oggi è auspicabile che si faccia buon uso dei risultati cui sono pervenute le scienze umane, che aiutano a una più convinta e pura scelta di fede:

I fedeli dunque vivano in strettissima unione con gli uomini del loro tempo, e si sforzino di penetrare perfettamente il loro modo di pensare e di sentire, di cui la cultura è espressione. Sappiano armonizzare la conoscenza delle nuove scienze, delle nuove dottrine e delle più recenti scoperte con la morale e il pensiero cristiano, affinché la pratica della religione e l'onestà procedano in essi di pari passo con la conoscenza scientifica e con il continuo progresso della tecnica, in modo che possano giudicare e interpretare tutte le cose con senso integralmente cristiano[166].

Cultura e fede, dunque, non più nemiche né antinomiche. L'una, la cultura, che indaga l'uomo, la natura, l'universo, le sue relazioni, e l'altra, la fede, che consente l'accesso alla Verità rivelata, al volto del Creatore, ai suoi disegni su ogni singolo uomo, sono scritture dell'uomo e di Dio,

momenti dell'unica Parola, la parola di Dio che vuole comunicare se stesso e, nascondendosi dietro a caratteri spesso enigmatici, a guisa di geroglifici, ci invita a cercarLo anche tra le vicende drammatiche, decifrando il grande libro della natura e della terribile storia umana, per giungere a compiere gesti di amore e di fraternità[167],

a condizione che la cultura

resti sempre in quell'orizzonte sapienziale, in cui alle acquisizioni scientifiche e tecnologiche s'affiancano i valori filosofici ed etici, che sono manifestazione caratteristica ed imprescindibile della persona umana[168],

---

[166] P. R. Iannarone, *op. cit.*, 57

[167] Carlo Maria Martini, *Orizzonti e limiti della scienza*, Raffaello Cortina Editore, Milano 1999, p. 157.

[168] Giovanni Paolo II, *op. cit.*, p. 106.

e che lo scienziato resti consapevole che

la ricerca della verità, anche quando riguarda una realtà limitata del mondo o dell'uomo, non termina mai; rinvia sempre verso qualcosa che è al di sopra dell'immediato oggetto di studi, verso interrogativi che aprono l'accesso al Mistero[169].

Don Lorenzo Milani sa armonizzare perfettamente la conoscenza scientifica col pensiero cristiano e con la morale che ne deriva. Usa con tale straordinaria padronanza le tecniche di ricerca sociale, pedagogica e psicologica, da far dire a molti che egli fu nel contempo sociologo, psicologo e pedagogista. Tuttavia, poiché è prima di tutto prete, la sua ricerca rimane sempre in quell'orizzonte sapienziale auspicato dal Papa che per lui è l'orizzonte delle Beatitudini.

Il secondo apporto che il priore dà alla sua teologia della liberazione è la mediazione ermeneutica.

L'ascolto quotidiano della Parola porta don Lorenzo ad interrogarsi sul progetto Dio sull'uomo, e ne trae la conclusione che quell'uomo è preferenzialmente il vicino, quello che ti sta accanto, che soffre la limitatezza della sua condizione esistenziale di deprivazione culturale, che abbisogna di essere rigenerato nello spirito, per essere rigenerato anche nel corpo. Emerge con chiarezza la mediazione milaniana che non pensa al povero in termini universali e astratti, bensì nella sua dimensione concreta e storica:

Non si può amare tutti gli uomini. [...]. Di fatto si può amare un numero di persone limitato, forse qualche decina forse qualche centinaio. E siccome l'esperienza ci dice che all'uomo è possibile solo questo, mi pare evidente che Dio non ci chiede di più[170],

un amore che richiede sacrificio totale ed esclusivo, fino a uscir di senno e a viver per l'altro, dimenticando se stessi:

E io come potevo spiegare a loro così pii e così puliti che io i miei figlioli li amo, che ho perso la testa per loro, che non vivo che per farli crescere, per farli aprire, per farli sbocciare, per

---

[169] Ibidem.
[170] *Lettera a N. Neri, op. cit.*, p. 245.

*farli fruttare? Come facevo a spiegare che amo i miei parroc-
chiani molto più che la Chiesa e che il Papa?*[171].

Ecco la follia, un'altra peculiare caratteristica della fede di
don Lorenzo Milani. Folle e umile servo, debole, ignobile, di-
sprezzato anche dai suoi superiori, e però scelto da Dio, come
suo profeta, per confondere i sapienti e dimostrare agli stolti di
questo mondo che nessuno può vantare meriti di fronte al Signore:

*Ma Dio ha scelto ciò che nel mondo è debole per confondere
i sapienti, Dio ha scelto ciò che nel mondo è debole per confondere i forti, Dio ha scelto ciò che nel mondo è ignobile e di-
sprezzato e ciò che è nulla per ridurre a nulla le cose che sono,
perché nessun uomo possa gloriarsi davanti a Dio*[172].

Infine l'ultima delle linee dell'azione pastorale: l'agire in direzione della trasformazione della realtà.
Il centro, il motore di quest'azione, abbiamo già discusso nei
capitoli precedenti, fu la scuola popolare postelementare. Che
tuttavia don Lorenzo non intende proporre come modello gene-
ralizzabile ed esportabile, da applicare cioè a qualsiasi contesto
culturale e religioso, come si volle far credere.
Nel dicembre del 1958, in occasione del ritiro del suo scritto
Esperienze pastorali ad opera del Sant'Uffizio, don Milani su
questo fu categorico e perentorio:

*non pretendevo di fare un trattato di teologia pastorale con
valore di legge per tutte le latitudini e circostanze. La mia attenzione era concentrata su un orizzonte molto più ristretto e
non è colpa mia se la totale inesistenza di opere del genere ha
fatto sì che la mia cadendo in questo gran vuoto abbia fatto
questo gran baccano sproporzionato al peso che essa aveva e
allo scopo che si riprometteva. Se ognuno avesse letto il libro
con attenzione si sarebbe accorto che tutto questo vi è chiaro*

---

[171] *Lettera a G. Pecorini, op. cit.,* pp. 134-135.
[172] San Paolo, I Co, 27-28.

per-ché accanto a ogni affermazione m'ero dato cura di aggiun-gere: in questo dato popolo, in questo dato momento[173].

Cupo, triste, disfattista, dominatore delle coscienze, fustiga-tore, solipsista, sono solo alcune delle tante invettive che da più parti vennero indirizzate al priore al solo scopo di screditarlo come uomo, maestro e prete. All'accusa del suo vescovo di es-sere un solitario e un dominatore delle coscienze, prima ancora che un padre, rispondono i suoi ragazzi con una lettera mai fi-nita, né spedita.

É possibile, si chiedono i ragazzi, che a distanza di ben dieci anni quelli di Calenzano vengano fin su a Barbiana per strin-gersi attorno a lui, parlargli, farsi consigliare? Senza il Priore saremmo rimasti analfabeti, povere anime disperse in una mon-tagna senza nome e senza volto.

Alle altre accuse risponde lo stesso priore con la sua vita spesa per gli altri e con i suoi scritti.

Chi muove quelle accuse al priore confonde il turbamento che prende inevitabilmente l'animo che si vede costretto a combat-tere fino all'ultimo sangue l'ingiustizia e l'oppressione soprat-tutto quando queste non sono le sue ma quelle dei suoi fratelli, con la mancanza di fede. Perché solo l'equilibrio e la serenità, e non anche il turbamento, sarebbero le sole espressioni della grazia di Dio.

Don Lorenzo conosce perfettamente che

la verità della fede si misura sulla verità della bellezza della vita che suscita[174]

o, come diceva Simone Weil, che:

Non è dal modo in cui un uomo parla di Dio che io vedo se ha abitato nel fuoco dell'amore divino, ma dal modo di cui parla delle cose terrestri[175],

ma sperimenta, anche, che la fede è un lottare continuo a causa dell'ambivalenza che è caratteristica del cuore dell'uomo e della

[173] *Lettera a mons. G. D'Avack*, (in) *Lettere di don Lorenzo Milani, op. cit.*, p. 100.
[174] Enzo Bianchi, *op. cit.*, p. 83.
[175] Ibidem.

capacità di determinare il proprio assetto morale rispetto al bene, o, come afferma Sant'Agostino nel Trattato sul Vangelo di Giovanni, che è proprio quando si comincia a seguire Dio che inizia la lotta:

Se prendiamo il volo tragico della catastrofe vuol dire che non crediamo in Dio e nella Provvidenza, vuol dire che non siamo in grazia di Dio. [...]. Combattivi fino all'ultimo sangue e a costo di farsi relegare in una parrocchia di 90 anime in montagna e di farsi ritirare i libri dal commercio, sì tutto, me senza perdere il sorriso sulle labbra e nel cuore e senza un attimo di disperazione o di malinconia o di scoraggiamento o di amarezza. Prima di tutto c'è Dio e poi c'è la Vita Eterna, [...]. Il turbamento è una grande grazia di Dio. Ma anche l'equilibrio e la serenità sono grazie di Dio[176].

In conclusione possiamo affermare che l'accusa, che gli fu mossa, di essere in qualche modo illuminista, a conti fatti, risulta destituita di ogni fondamento. Don Lorenzo Milani fonda la sua etica dell'alterità sulla positiva assunzione dell'altro, non in modo laico ma religioso, cioè nella fede nel messaggio salvifico della Croce, dimostrando in tutta la sua vita una spiritualità che non era contenibile nella sola ragione, ma che si serviva legittimamente della ragione, per rendere più pura e matura la sua scelta.

---

[176] *Lettera a don Antonio* (in) *Lettere di don Lorenzo Milani, op. cit.,* pp. 113-114.

Il personalismo
nella prassi educativa
di
don Lorenzo Milani

Che posto occupa don Lorenzo Milani nella storia della pedagogia contemporanea? É possibile ridurre tutto il suo pensiero alla sola *pars destruens*, cioè alla critica della scuola borghese e alle istanze sociali e libertarie? Non v'è in esso un respiro più ampio ed universale, una *pars construens*, una proposta educativa che fa di don Milani un autorevole rappresentante dello spiritualismo cattolico contemporaneo?

Sono le domande a cui opporremo semplici riflessioni, senza alcuna pretesa sistemica, ma con l'unico obiettivo di tentare di rileggere la vita del priore da un'angolatura che non sia interessata e di parte, come lo fu negli anni a ridosso della sua scomparsa.

Don Milani, s'è detto ripetutamente, non fu un teorico, almeno nel senso classico che si dà al termine teoria, vista come sforzo di riflessione, razionalizzazione e sistemazione dei risultati della ricerca nel campo di indagine scelto. L'assenza di motivazione prettamente speculativa non deve indurre a pensare che il priore, pedagogicamente, si muovesse però in termini pratici senza riferimenti concettuali precisi. Tutt'altro. Egli ha ben presente che l'educazione richiede una filosofia, precisamente una filosofia dell'educazione, che sappia indicare ruolo e fini al processo educativo, in rapporto alla concezione dell'uomo.

L'*uomo*, il primo elemento di confronto tra la prassi milaniana e le concezioni spiritualiste e personalistiche. Il priore, accusato di comunismo, ha un concetto diametralmente opposto a quello marxista, che considera la spiritualità dell'uomo come componente sovrastrutturale, del tutto accessoria e funzionale alla sua materialità. L'uomo, afferma invece il priore, è sintesi di materia e spirito, volto umano e *imago dei*, anche quando le due immagini sono seppellite sotto secoli di chiusura ermetica, e l'insegnamento di Cristo resta un vuoto, retorico accenno alla solidarietà, almeno fin quando non riscopriremo realmente comunanza di interessi (esser fratelli in Cristo) e non potremo parlare la stessa lingua (la carità vicendevole).

L'uomo, infatti

Non vive di solo pane. C'è dei beni che sono maggiori del pane e della casa e il mancare di questi beni è miseria più profonda che il mancare di pane e di casa. Questo tipo di beni chiamerò ora per comodità di discorso istruzione ma vorrei che tu prendessi questa parola in senso più largo, comprensivo di tutto ciò che è elevazione interiore[177].

Emerge chiaramente, in questo accenno milaniano alle due immagini, una precisa consonanza col pensiero maritaniano, secondo cui l'uomo, essere della trascendenza, si connota persona umana nella facoltà di aderire liberamente al disegno di Dio e al comandamento cristiano dell'amore, nella sua totalità di materia e spirito e nella sua indipendenza che lo rende libero e non servo.

Ma anche con l'idea di Giuseppe Catalfamo, esponente del personalismo pedagogico cattolico italiano contemporaneo, secondo cui

La persona non è l'Io con la maiuscola degli idealisti, che in fondo è Dio; [...] è il fragile e minuscolo io che è di ciascuno di noi; il fragile io che aspira all'infinito e si dibatte nel "finito"[178].

Sulla distinzione tra materialità e trascendenza insiste, anche, un altro pensatore francese, Emanuele Mounier. Il pensatore francese legge la persona in termini prospettici. Solo la persona supera l'individuo chiuso in sé stesso, in quanto è prospettiva aperta. Da un lato, con movimento orizzontale verso la storia e la società, dall'altro con movimento ascensionale verso la trascendenza. La persona, anche per Mounier, si realizza nell'incontro con l'Assoluto che è Dio, e secondo un legame di reciprocità con il prossimo.

Non può essere certamente trascurato l'isomorfismo metodologico tra il metodo della coscientizzazione adottato dal priore che mira a risvegliare

---

[177] *Lettera al direttore del giornale Il Mattino*, (in) *op. cit.*, p. 61.
[178] Giuseppe Catalfamo, *Personalismo senza dogmi*, (in) Leone Agnello, *La struttura polisemica del pensiero pedagogico*, Sfameni Editore, Messina 1993, p. 108.

dal fondo dell'anima quella naturale sete di sapere che è spesso seppellita negli infelici e che è la premessa necessaria per il loro ritorno alla fede. É tanto difficile che uno cerchi Dio se non ha sete di conoscere. Quando con la scuola avremo risvegliato nei nostri giovani operai e contadini quella sete sopra ogni altra sete o passione umana, portarli a porsi il problema di religioso sarà un giochetto[179] ,

e la via dell'esplorazione interiore indicata da Sant'Agostino ne *La vera Religione*

Non andare fuori di te, ritorna in te stesso, la verità abita nell'interno dell'uomo, e se troverai mutevole la tua natura, trascendi anche te stesso[180],

e la via del metodo dell'immanenza dello spiritualismo francese

che conduce la coscienza che analizza se stessa a riconoscere che una esigenza di infinito, un'aspirazione di Assoluto, la pervade e la muove[181],

le cui ragioni di esistenza è possibile cogliere, non con deduzioni logiche, ma a livello metalogico, come necessità pratica, mediante la testimonianza della sua esistenza stessa.

Si possono legittimamente rintracciare delle analogie, anche, con la metafisica vissuta dello spiritualista tedesco F.W. Foerster, per il quale l'uomo arriva al senso di sé e dei suoi interiori problemi, induttivamente, dal particolare, dalla vita e dall'analisi della coscienza.

La centralità del tema della **libertà**, sia negli spiritualisti cattolici sia in don Milani, conforta ulteriormente questa nostra tesi, libertà intesa in tutte le sue accezioni, culturali, sociali, economiche e religiose. La libertà che don Lorenzo reclama per i suoi parrocchiani è la libertà dall'oppressione e dal condizionamento culturale, conseguenza del mancato sviluppo della persona. Come non leggere, ancora, le assonanze nelle concezioni

---

[179] Don Lorenzo Milani, *op. cit.*, p. 247.
[180] Sant'Agostino, *De vera religione*, (trad. di P. Domenico Bassi), La Nuova Italia Editrice, Firenze 1938, XXXIX, 92, p. 92.
[181] G. Catalfamo, *op. cit.*, p. 52.

della persona tra il Catalfamo e don Lorenzo. Per il primo la persona è

quella struttura o funzione trascendentale in cui si rivelano sintetizzati e verificati (storicamente o esperienzialmente) gli attributi specifici dell'individuo umano, in quanto soggetto di intelligenza e libertà[182].

É lo sviluppo di questi attributi che conferisce all'uomo dignità di persona umana. Per don Lorenzo, come per Catalfamo, la libertà è la matrice della fede. Egli lo sintetizza magistralmente in Esperienze pastorali:

Fate conto che qui io mi trovi in un istituto pieno di sordomuti non ancora istruiti. Che ne direste se pretendessi di evangelizzarli senza prima avere dato loro la parola? [...] Domani poi, tra questi sordomuti ritornati alla luce della parola, ci saranno santi e dannati. E quel giorno la responsabilità della salvezza ricadrà su ognuno di loro come è nell'economia normale della Salvezza[183].

L'uomo, posto innanzi al mistero della Salvezza, è chiamato a scegliere la vita come esodo, nell'intima relazione con l'Altro. Ma a questa chiamata può rispondere solo l'uomo libero, l'uomo fatto persona umana, nei tre attributi fondamentali della fede, dell'autoriflessività, della ragione critica.

Non si è cristiani, afferma Laberthonnière in *Teoria dell'educazione*, se si subisce la fede, se essa viene imposta dalle circostanze e dall'ambiente. Cristiani lo si è quando la fede diventa atto che si compie coscientemente.

La libertà è dunque l'essenza della coscienza, essenza della storicità, perché è nella storia che si realizza la volontà dell'uomo:

L'uomo sottostà all'appello del bene. Deve compierlo secondo la sua libertà; ma questo presuppone che possa anche tralasciarlo, o perfino opporvisi - la possibilità quindi di risolversi per Dio o contro Dio[184].

---

[182] Leone Agnello, *op. cit.*, p. 112.
[183] Don Lorenzo Milani, *op. cit.*, p. 200.
[184] B. Forte, *op. cit.*, p. 147.

Non dissimile è la posizione del padre del personalismo cattolico contemporaneo italiano Luigi Stefanini. Questi sostiene che la persona è un valore in sé, non è funzione degli istinti, semmai principio che li governa, non del determinismo ambientale, non delle strutture economiche, ma sorgente di ciò che egli stesso fa. E l'uomo dello Stefanini si realizza nel passaggio dalla singolarità dell'individuo chiuso in se stesso alla personalità che riconosce un altro da sé, un di più che si realizza nell'incontro con Dio e con gli altri, con i quali stabilisce un legame di prossimità.

Il concetto di libertà accomuna don Lorenzo a Maritain. Entrambi hanno una visione teocentrica dell'umanesimo, contrapposta a quella antropocentrica, frutto di quella teologia umanistica assoluta che è la teologia del razionalismo, per cui all'uomo

solo ormai spetta di fare il proprio destino, a lui solo di intervenire come un Dio, mediante un sapere dominatore che assorbe in lui e sormonta ogni necessità, nella condotta della propria vita e nel funzionamento della grande macchina dell'universo data in balia del determinismo geometrico[185].

La libertà dell'uomo, per i due pensatori cattolici, è una libertà con la grazia, libertà creata dalla causalità divina

traversata, imbevuta sino alla sua ultima utilizzazione dalla casualità creatrice[186].

É in virtù di questo suo dono che Dio non coarta mai l'uomo, rispetta la sua libertà, abita in essa, non la forza mai.

Come non riconoscere in queste posizioni sull'uomo e sulla libertà il valore e il fine ultimo della scuola di Barbiana, quello codificato in quella frase semplice e lapidaria:

Cercasi un fine.

Bisogna che sia onesto. Grande. Che non presup-ponga nel ragazzo null'altro che essere uomo. [...]. Il fine giusto è dedicarsi al prossimo[187].

---

[185] Jacques Maritain, *op. cit.*, p. 75.
[186] Ivi, p. 21.
[187] Scuola di Barbiana, *op. cit.*, p. 94.

L'educazione, per i ragazzi di Barbiana, deve dunque mirare in alto, a costruire una personalità capace di relazionarsi con l'altro, e questa relazione deve essere regolata da un unico e solo principio, quello che il priore e la sua scuola hanno trasmesso: il principio dell'etica cristiana, cioè l'amore del prossimo. A chi, strumentalmente o no, chiede a don Lorenzo a che cosa miri la sua scuola, egli risponde chiaro e forte:

Quei due preti che mi domandavano se il mio scopo finale nel far scuola fosse di portarli alla Chiesa o no e cosa altro mi potesse interessare al mondo nel far scuola se non questo[188].

Un tema quello della scuola strumento di evangelizzazione che è presente già in Esperienze pastorali:

Dio non mi chiederà ragione del numero dei salvati nel mio popolo, ma del numero degli evangelizzati. Mi ha affidato un Libro, una Parola, mi ha mandato a predicare[189].

Anche in questo caso non possiamo esimerci dal cogliere una precisa consonanza col pensiero di J. Maritain di Umanesimo integrale. L'insistere di don Lorenzo sul legame educativo tra i due *fini*, l'uno terreno e naturale e l'altro sovrannaturale, rimanda al concetto maritaniano di fine infravalente. Spiega, infatti, il filosofo francese che

il bene comune temporale è un fine intermedio o infravalente, ha specificazione propria, mediante la quale si distingue dal fine ultimo e dagli interessi eterni della persona umana; ma nella sua stessa specificazione è avviluppata la sua subordinazione a quei fini e a quegli interessi da cui riceve le sue misure dominanti. Ha consistenza propria e bontà propria, ma precisamente a condizione di riconoscere questa subordinazione e di non ergersi come bene assoluto[190].

Don Milani e Jacques Maritain accumunati, dunque, da un medesimo progetto: costruire una società che sia al servizio

[188] *Lettera a Giorgio Pecorini*, (in) lettere di don Lorenzo Milani, *op. cit.*, p. 134.
[189] Don Lorenzo Milani, *op. cit.*, p. 201.
[190] Jacques Maritain, *op. cit.*, p. 172.

dell'uomo nelle sue condizioni storico-esistenziali, che costruisca la sua autonomia e indipendenza mediante l'educazione e la giustizia. Questo il fine terreno e naturale dell'azione di uno stato che non può dirsi liberale, ma che Maritain definisce, invece, *democrazia personalistica*, in quanto la libertà e l'autonomia umane sono vivificate, elevate e relativizzate nella loro temporalità dal fermento cristiano.

La scuola cui don Lorenzo pensa e che ha realizzato a Calenzano e a Barbiana è una scuola del paradosso. Come può essere, infatti, scuola aconfessionale e nello stesso tempo fatta per amore e da un cattolico? Come può una scuola essere laica quando don Lorenzo reclama un maggior spazio per la religione?

Quando avrete dato al Vangelo il posto che gli spetta la lezione di religione diventerà una cosa seria. Si tratta solo di guidare i ragazzi nell'interpretazione del testo[191].

Ma il paradosso è più apparente che reale, è misura, ancora una volta, di quella lettura di parte che, lo ricordiamo, è l'assunto fondamentale di questo scritto. Al termine laico, infatti, don Milani dà un significato particolare. Don Lorenzo ha ben presente che la laicità è anch'essa una religione, quindi, quando utilizza il termine anticonfessionale si rivolge a tutte le religioni, laiche o religiose che siano. La laicità di stampo illuministico e positivistico, con la sua ragione solo apparentemente libera, finisce per essere un confessionalismo ancor più dogmatico e totalizzante di quello religioso, perché, aprioristicamente rispetto all'esperienza storica dell'educando, esclude (senza alcuna possibilità di dimostrazione scientifica) ogni possibile riferimento a un destino ultra-storico dell'uomo. Il significato di laicità va dunque cercato nel concetto vero ed autentico di libertà.

La scuola di don Milani è laica, perché il processo educativo che mira a costruire la libertà di scelta dell'uomo è per definizione laico, cioè anticonfessionale. Il don Milani laico è contrario a ogni trasmissione di sapere preconfezionato che non sia il prodotto di personale ricerca dell'educando, messo innanzi ai

---

[191] Scuola di Barbiana, *op. cit.*, p. 121.

diversi modelli di interpretazione della realtà: quella con e quella contro Dio.

La laicità è dunque l'essenza stessa del processo educativo, il luogo del confronto reale, dialettico. Non nel senso che gli danno i laicisti di momento organizzativo in cui si attinge un sapere asettico e neutrale, ma il luogo del confronto, reale e non simulato, dei diversi modelli di vita:

E chi non farà scuola così non farà mai vera scuola e è inutile che disquisisca tra scuola confessionale e non confessionale, è inutile che si preoccupi di riempire la sua scuola di immaginette sacre e di discorsi edificanti, perché la gente non crede a chi non ama; è inutile che tenti di allontanare dalla scuola i professori atei perché anche loro non sono creduti dai ragazzi se non li adorano[192].

Bene dice padre Balducci, quando afferma che la laicità della scuola di Barbiana è tutta nel suo obiettivo educativo:

mettere l'alunno nelle condizioni di orientarsi in modo autonomo e di decidere in piena libertà dinanzi agli interrogativi sul destino storico e ultrastorico dell'uomo. É un operatore del Regno di Dio un educatore, anche se ateo, che sia però un suscitatore di libertà, ed è un nemico del Regno di Dio il cattolico che sommerge una coscienza sotto tonnellate di verità già dette[193].

E giustamente affermano i ragazzi di Barbiana che

Io sono un ragazzo influenzato dal maestro e me ne vanto. Se ne vanta anche lui. Sennò la scuola in che cosa consiste? La scuola è l'unica differenza che c'è tra l'uomo e gli animali. Il maestro dà al ragazzo tutto quello che crede, ama, spera. Il ragazzo crescendo ci aggiunge qualcosa e così l'umanità va avanti[194].

Laica la scuola di Barbiana, cristiano il suo modello di vita. Per questa ragione la scuola non può che essere un atto di carità cristiana, donazione integrale di sé al prossimo, che per il priore

[192] *Lettera a Giorgio* Pecorini, (in) *op. cit.*, p. 135.
[193] Ernesto Balducci, *op. cit.*, p. 70.
[194] Scuola di Barbiana, *op. cit.*, p. 112.

sono i suoi poveri e ignoranti parrocchiani sperduti nei monti del Mugello. Per questo la scuola non può essere fatta che da un cattolico, che vive coerentemente gli insegnamenti della Parola Incarnata.

Due temi: il ***processo educativo come carità e donazione*** e la cattolicità del maestro, che lo accomunano ai grandi pensatori spiritualisti cattolici. Citiamo per tutti ancora il Laberthonnière di Teoria dell'educazione per cui

l'educazione è un'opera di carità. Senza la carità permane un'antinomia irriducibile[195].

Non pochi aspetti della prassi educativa milaniana sono, dunque, riconducibili allo spiritualismo pedagogico contemporaneo. L'uno e l'altro si sono certamente impegnati nel rinnovamento della pedagogia e al servizio del progresso civile e sociale. L'uno e l'altro hanno riproposto, ciascuno nel proprio tempo, i temi morali, sociali ed educativi fondamentali del messaggio cristiano, giungendo però ad esiti in parte diversi.

Da una parte, come afferma il Catalfamo, lo Spiritualismo cattolico ha finito per

porsi a servizio di forze istituzionalizzate, sottomettendosi alla loro autorità[196],

a causa di un errore di oggettivazione del metastorico che, invece, è soggettivo e personale. Don Lorenzo, invece, è fermamente convinto che gli imperativi dell'annuncio di Salvezza contenuti nel Discorso della montagna non possono oggettivarsi in alcun ordine sociale né che possano essere imposti a quegli altri per i quali non hanno alcun valore. E quindi ritiene che l'unico modo di rapportarsi ad essi è la via della riflessione interiore e personale:

Se dunque davvero vien meno gente in chiesa vuol dire che il livello religioso di quelli che vengono è in notevole ascesa. Meno cristiani alla festa e più alla Comunione! Se è così, le cose si stanno rischiarando e si può guardare all'avvenire con

---

[195] Lucien Laberthonnière, *Teoria dell'educazione*, (in) Giuseppe Catalfamo, *op. cit.*, p. 53.
[196] Giuseppe Catalfamo, *op. cit.*, p. 91.

fiducia. E le anime che si allontanano? Pace. Almeno avranno sotto gli occhi una comunità cristiana più religiosa[197].

Non si può dire che esprima un concetto diverso dall'insegnamento di Giovanni XXIII in <u>Mater et Magistra</u>:

Inoltre la Chiesa, inserendosi nella vita dei popoli, non è né si sente mai una istituzione che venga imposta dal di fuori. Ciò è dovuto al fatto che la sua presenza si concreta con la rinascita o la risurrezione dei singoli esseri umani in Cristo; e che chi rinasce o risorge in Cristo non si sente mai coartato dall'esterno[198].

Per questo don Lorenzo si fa interprete della libertà di scelta dei credenti e dei non credenti.

Don Lorenzo appartiene alla categoria dei pensatori inattuali e controcorrente. Contrario a questa oggettivazione e alle scelte socio-politiche che ne derivavano, combatte strenuamente il conformismo dell'uomo eterodiretto, che si esprime in un allineamento morale ed intellettuale alla cultura dominante.

Difende il suo cristianesimo, modellato sul Salvatore crocefisso, contro due diverse negazioni del Cristo: contro i nemici, che negano la sua predicazione e il suo messaggio, e non di meno, anche, contro la visione cristiana imborghesita, accomodante e compromissoria, tutta immersa negli agi e nel comfort di un'esistenza che non si priva di alcun piacere e divertimento. Finisce, così, per essere una spina al fianco del sistema educativo, della Chiesa e una spinta propulsiva al cambiamento.

---

[197] Don Lorenzo Milani, **op. cit.**, p. 79.
[198] Giovanni XXIII, *Enciclica Mater et Magistra*, 167, Edizioni Paoline, 1976.

**Rivoluzione e politica
nel pensiero
di
don Lorenzo Milani**

Accusato da destra di essere un prete rosso, strumentalizzato da sinistra nelle sue intuizioni pedagogiche e politiche, osteggiato dalla gerarchia, perché scomodo e eterodosso rispetto alle scelte politiche dell'istituzione, don Milani è, ancora oggi, oggetto di dispute per le scelte partitiche, vere o presunte, che gli furono imputate.

Che abbia votato comunista, socialista o democristiano, a distanza di oltre un trentennio, non ha più alcuna importanza. É importante, invece, riscoprire l'autentica dimensione politica della sua fede, nel senso ampio e onnicomprensivo che si dà al termine politica.

Che il cristianesimo abbia delle dimensioni politiche e che queste siano decisive per colmare

il distacco che si constata in molti tra la fede che professano e la loro vita quotidiana[199],

è ormai sancito dal Magistero sociale della Chiesa. Il Concilio, individuando anche nei laici i rappresentanti della funzione socio-critica della Chiesa, così si esprime:

Ai laici spettano propriamente, anche se non esclusivamente, gli impegni e le attività temporali. [...]. Nel rispetto delle esigenze della fede e ripieni della sua forza, escogitino senza tregua nuove iniziative, ove occorra, e le realizzino. Spetta alla loro coscienza, già convenientemente formata, di iscrivere la legge divina nella vita della città terrena[200].

Da che cosa nasce questa dimensione? Johann Baptist Metz, teologo cattolico e padre della teologia politica, sostiene che nel futuro in cui siamo già immersi, il cristiano, svincolato dalla ideologia che gli inculca dall'esterno la certezza della esistenza di Dio, dovrà scoprire una dimensione mistica senza la quale non potrà sopravvivere. Ad accompagnare questa componente mistica dovrà essere la componente sociale, proprio ad evitare che il rapporto con Dio si risolva in un solipsismo mascherato.

---

[199] Gaudium et spes Costituzione pastorale La Chiesa nel mondo contemporaneo 43, (in), *Tutti i documenti del Concilio Vaticano II, op. cit.*, p. 624.
[200] Ibidem.

Ma la condizione perché l'uomo spezzi il cerchio che avvinghia la folla di solitudine generata dal nichilismo è la riscoperta dell'amore del prossimo:

Già nel Nuovo testamento l'amore per Dio e l'amore per il prossimo costituiscono un'unità. La consapevolezza della dignità assoluta dell'altro e il rispetto incondizionato della sua unicità sono in fondo le premesse e le conseguenze del nostro rapporto con Dio; e non soltanto conseguenze, ma anche un dovere che la nostra coscienza cristiana accetta in modo del tutto naturale perché siamo convinti che amare Dio significa automaticamente anche amare il prossimo. Dobbiamo allora affermare che l'amore per il prossimo è allo stesso tempo anche il presupposto del nostro rapporto con Dio[201].

La fonte teoretica è, dunque, la Parola Incarnata.

Di fronte agli squilibri tra un nord economicamente e socialmente ricco e produttivo e un sud povero, sfruttato ed oppresso, ai nazionalismi insorgenti che alimentano il nuovo razzismo nelle sue forme manifeste o latenti, alle nuove povertà dei paesi industrializzati e potenti, ai problemi giovanili e del lavoro, alle problematiche assistenziali alla terza età, alle nuove alienazioni, all'egoismo delle classi sociali privilegiate, qual è il ruolo della Chiesa?

Don Milani non ha dubbi, sceglie la via della funzione socio-critica, perché comprende, con netto anticipo sui tempi, che lo iato tra fede conclamata e fede vissuta può e deve essere colmato con dualità di atteggiamenti: da un lato la mediazione socio-analitica, che conduce alla coscientizzazione della comune condizione di diseredati e oppressi, dall'altro la denuncia, l'ammonimento, l'appello e il richiamo coraggioso alla coscienza delle classi sociali privilegiate e alla stessa Chiesa, perché rivolgano la loro attenzione a questo mondo che rappresenta il *reverso de la historia* cioè

---

[201] Karl Rahner, *Dimensioni politiche del Cristianesimo*, Città Nuova, Roma 1992, p. 70.

la memoria dei secoli di oppressione, cancellata o ignorata, il presente di dolore, di lotta e di speranza dei deboli e degli emarginati, il loro sogno di un futuro diverso di liberazione[202].

Anche in questo il priore di Barbiana fu anticipatore e profeta. Nell'aver colto che alla Chiesa spetta aprire un orizzonte critico che dimostri la relatività e la modificabilità della realtà sociale, ovviamente alla luce dell'insegnamento del Vangelo:

E in questo secolo come vuole amare se non con la politica o col sindacato o con la scuola? Siamo sovrani. Non è più il tempo delle elemosine, ma delle scelte. Contro i classisti che siete voi, contro la fame, l'analfabetismo, il razzismo, le guerre coloniali[203].

La vita di don Lorenzo è paradigmatica di questa dualità che Metz richiede al cristiano moderno. Ma nel priore la componente mistica e quella sociale sono un tutt'uno inscindibile, attività pastorale e impegno civile sono un'unica cosa. Si estrinsecano nella vita simbiotica del piccolo monastero di Barbiana, ove, per dodici ore al giorno, compresa la domenica, ognuno dei 29 *piccoli frati* è fratello e maestro dell'altro; ove nella condivisione della condizione di povertà ciascuno scopre, dall'intimo contatto con il maestro, che il sapere e la vita non si amano per egoismo ma per un fine più alto e nobile:

Ma ci restava ancora da fare una scoperta: anche amare il sapere può essere egoismo. Il priore ci propone un ideale più alto: cercare il sapere per usarlo al servizio del prossimo, per esempio dedicarci da grandi all'insegnamento, alla politica, al sindacato, all'apostolato e simili[204].

Ma l'opzione politica del maestro di Barbiana si esprime, anche, nella sua deliberata scelta dell'imprudenza. Di fronte alla prudenza cristiana del mondo cattolico conservatore e del cardinale Florit arcivescovo di Firenze, don Lorenzo sceglie di essere imprudente:

---

[202] Bruno Forte, *op. cit.*, p. 24.

[203] Scuola di Barbiana, *op. cit.*, p. 94.

[204] Lettera dei ragazzi di Barbiana ai ragazzi di Piadena, (in) *Lettere di don Lorenzo Milani, op. cit.*, p. 178.

Ho allora educato i miei ragazzi più grandicelli a mettere sui loro fratellini o piccoli amici per ottenere quello che hanno diritto di ottenere, e fra gli istituti che i ragazzi devono ben abituarsi "per educazione civica" a maneggiare c'è lo sciopero, l'ordinata manifestazione di piazza, il ricorso all'opinione pubblica per mezzo della stampa, il ricorso alla magistratura[205].

E non è un'imprudenza ragionata, ma è abbandono, rifiuto totale di qualsiasi forma di compromesso o connivenza. Quel rifiuto che fa dire a don Tonino Bello, già vescovo di Molfetta che:

Non si può avere la prudenza come pastorale. Sicuramente Gesù avrebbe raggiunto una tranquilla vecchiaia se fosse stato prudente, ma ciò avrebbe svilito il suo messaggio, che invece è ricco di imprudenti richiami alla fratellanza e alla solidarietà[206],

o anche a don Helder Càmara:

La maggiore e più grave delle imprudenze è la propria prudenza che si fida di sé, si trasforma in calcolo, e prescinde dalle follie di Dio[207].

Questa follia don Lorenzo la scontò per intero nella sua vita di esiliato a Calenzano prima e più ancora a Barbiana. Non perse mai, però, la consapevolezza che la lotta contro i privilegi delle classi sociali egemoni e le istanze di cambiamento sociale di cui era interprete non avrebbero vinto se non dopo la sua morte. E tuttavia non desistette un attimo dall'esercitare quella funzione socio-critica che è caratteristica dei profeti della modernità. Appellandosi agli insegnamenti del Vangelo e, soprattutto, al Discorso della montagna, senza tuttavia rivendicare l'autorità della Chiesa ufficiale, anzi ammonendola a non proporsi come istanza superiore capace di manipolare la comunità civile, promosse il suo programma di riforma sociale attraverso l'attività

---

[205] Lettera al direttore didattico di Vicchio, (in) *Lettere di don Lorenzo Milani*, op. cit., p. 142.

[206] Santo Cammisuli, *Fede, coraggio e azione*, Edizioni Pegaso, Caltagirone 200, pp. 38-39.

Ibidem.[207]

educativa in favore della libertà e piena dignità dell'uomo. Indicò una nuova strada al rinnovamento della stessa teologia, la strada dell'attualizzazione del messaggio evangelico nella realtà sociale e politica concreta, testimoniando, con la coerenza della propria vita vissuta e spesa per i poveri, che la *peregrinatio di salvezza* non può essere un ritirarsi nell'intimità privata del rapporto del singolo con Dio, ma un aprirsi a un'alterità più radicale, che rende possibile il rapporto con l'altro, un aprirsi all'amore del Terzo, che non è altro ma

colui che mi strappa dalla possibilità di considerare me o anche l'altro come dio, anzi, che regola il rapporto tra me e l'altro impedendomi, da un lato, la voracità, l'aggressività verso l'altro, e dall'altro, la fusione, l'assorbimento in lui[208].

L'accusa che gli fu mossa da ambienti di destra, primo fra tutti il periodico "Specchio", di essere un rivoluzionario, a conti fatti, non è solo falsa ed errata ma anche ridicola. La rivoluzione cui don Lorenzo lavorò intensamente è quella delle coscienze. Coscienze irrobustite dalla iniezione di educazione linguistica e di esortazione ai valori di libertà e di giustizia che si respirano a Barbiana. Educazione che don Lorenzo intende come azione capace di risvegliare nelle coscienze la verità che in esse è contenuta e libertà intesa come capacità di autodeterminarsi nelle scelte, anche religiose. Su queste coordinate, che sono culturali prima ancora che politiche, don Milani costruisce la sua personale visione della lotta di classe:

Se voi però avete diritto di dividere il mondo in italiani e stranieri allora vi dirò che, nel vostro senso, io non ho patria e reclamo il diritto di dividere il mondo in diseredati e oppressi da un lato, privilegiati e oppressori dall'altro. Gli uni sono la mia Patria, gli altri i miei stranieri. E se voi avete il diritto, senza essere chiamati dalla Curia, di insegnare che italiani e stranieri possono lecitamente anzi eroicamente squartarsi a vicenda, allora io reclamo il diritto di dire che anche i poveri possono e debbono combattere i ricchi. E almeno nella scelta dei mezzi sono migliore di voi: le armi che voi approvate sono

---

[208] Enzo Bianchi, *op. cit.*, p. 79.

orribili macchine per uccidere, mutilare, distruggere, far orfani e vedove. Le uniche armi che approvo io sono nobili e incruente: lo sciopero e il voto[209].

La lotta che don Milani propugna, quindi, non porta alla conquista violenta del potere e all'instaurazione della dittatura del proletariato, ma a un irrobustimento della dialettica democratica, fatta con armi particolari, espressioni della democrazia liberale e democratica: il voto liberamente espresso e lo sciopero sindacale.

Nessuna compromissione può essere imputata al priore con il comunismo ateo del tempo. La chiusura della lettera a Pipetta è emblematicamente rivelatrice dell'atteggiamento di don Lorenzo di fronte agli errori ideologici del comunismo:

Quel giorno io non resterò là con te. Io tornerò nella casuccia piovosa e puzzolente a pregare per te davanti al mio Signore crocifisso. Quando tu non avrai più fame né sete, ricordatene Pipetta, quel giorno io ti tradirò. Quel giorno finalmente potrò cantare l'unico grido di vittoria degna d'un sacerdote di Cristo: "Beati i...fame e sete[210].

Né può sostenersi la tesi di una evoluzione del pensiero milaniano verso una deriva social-comunista negli anni successivi, atteso che la lettera è del 1950. Quindici anni più tardi, don Lorenzo rigetta il tentativo della rivista comunista di farsi portatrice di istanze di pace che non le si addicono.
Avanzare dubbi dopo la ***Lettera ai giudici***, che è del 18 ottobre del 1965, è chiaramente frutto di malafede e di lettura di parte:

Un'altra precisazione a proposito della rivista che è coimputata per avermi gentilmente ospitato. Io avevo diffuso per conto mio la lettera incriminata fin dal 23 febbraio. Solo successivamente (6 marzo) l'ha ripubblicata "Rinascita" e poi altri giornali. É dunque per motivi procedurali cioè del tutto casuali ch'io trovo incriminata con me una rivista comunista. Non ci troverei nulla da ridire se si trattasse d'altri argomenti, ma essa

---

[209] *L'obbedienza non è più una virtù*, op. cit., p. 12.
[210] *Lettera a un giovane comunista di San Donato*, (in) *Lettere di don Lorenzo Milani*, op. cit., pp. 20-21.

*non merita l'onore d'essersi fatta bandiera di idee che non le si
addicono come la libertà di coscienza e la non violenza. Il fatto
non giova alla chiarezza cioè alla educazione dei giovani che
guardano a questo processo*[211].

Tuttavia è presente nel pensiero milaniano la consapevolezza che esistono modelli diversi di umanesimo con cui bisogna fare i conti, non certo per necessità utilitaristiche di coesi-
stenza e di pace:

*Il comunismo porta in sé i fondamentali errori ideologici che
tutti sappiamo, ma porta, come ogni altra cosa, anche un fondo
di verità e di generosità per esempio per la preoccupazione del
prossimo, l'amore per l'oppresso ecc. É dedicarsi al prossimo,
sia pure nell'errore, è sempre più cristiano che buttar via la vita
e badare a divenir sé stessi, sia pure sotto le ali del prete*[212].

L'indicazione politica del dialogo con i vari umanesimi, e in
special modo con quello marxista, si ispira ad un principio cristiano fondamentale: la **tolleranza**. Tolleranza che nasce da una
vera comprensione della libertà degli altri, quegli altri che come
soggetti liberi hanno il diritto di stabilire da sé la natura della
propria limitatezza, che è il prezzo che il soggetto libero paga
alla realizzazione del bene comune.

É l'anticipazione profetica di una nuova identità della Chiesa,
che intende porre fine a tutte le "controtestimonianz(e) e allo
scandalo praticati in contesti e momenti storici particolari dalla
cristianità, che, sancita dal magistero della Chiesa, trova il sug-
gello e il suo compimento nell'atto ecclesiale di purificazione
della memoria indicato da Giovanni Paolo II nella "*Bolla di in-
dizione dell'Anno Santo del 2000 Incarnationis mysterium*"
come un segno capace di far vivere più in profondità la santità
dell'anno giubilare.

Se proprio si vuol addossare al priore una scelta partitica,
bisogna riandare alla lettera a Nicola Pistilli, direttore del settimanale della sinistra cattolica fiorentina dal titolo *Un muro di
foglio e di incenso*, nella quale emerge la sua simpatia per quella

---

[211] *L'obbedienza non è più una virtù, op. cit.*, p. 30.
[212] Don Lorenzo Milani, *op. cit.*, p. 240.

parte del cattolicesimo politico che egli chiama cattolicesimo di sinistra, per rimanere nell'ambito del linguaggio utilizzato dallo stesso priore.

Don Lorenzo contesta che nell'impegno concreto che scaturisce dalla militanza politica, ciascuno possa rivendicare per sé il privilegio di apparire come il depositario della traduzione degli insegnamenti del Vangelo,

l'opinione pubblica attribuisce ai cattolici di destra lo strano privilegio d'apparire quelli che viaggiano sul sicuro saldamente agganciati alla roccia della Chiesa. Voi invece quelli della zona pericolosa sull'orlo del precipizio. Le cose non sono così semplici. La via che conduce alla Verità è stretta e ha da ambo i lati precipizi. Esistono eresie di sinistra ed eresie di destra. Il fatto che qualche importante cardinale penda verso le eresie di destra non dà ad esse patente di ortodossia[213].

Rileggendo le pagine della Costituzione sulla Chiesa nel mondo del nostro tempo *Gaudium et Spes*, licenziata dal Concilio Vaticano II il sette dicembre del 1965, non si può non scorgere il ruolo profetico che il priore di Barbiana esercitò nel breve volgere del suo esodo, anche nell'indicare le coordinate dell'impegno dei cristiani in politica:

Per lo più sarà la stessa visione cristiana della realtà che li orienterà, in certe circostanze, a una determinata soluzione. Tuttavia altri fedeli altrettanto sinceramente potranno esprimere un giudizio diverso sulla medesima questione, ciò che succede abbastanza spesso e legittimamente. Ché se le soluzioni proposte da un lato o dall'altro, anche oltre le intenzioni delle parti, vengono facilmente da molti collegate con il messaggio evangelico, in tal casi ricordino essi che a nessuno è lecito rivendicare esclusivamente in favore della propria opinione l'autorità della Chiesa. Invece cerchino sempre di illuminarsi vi-

---

[213] *Lettera a Nicola Pistilli*, (in) *Lettere di don Lorenzo Milani, op. cit.*, p. 118.

cendevolmente attraverso il dialogo sincero, mantenendo sempre la mutua carità e avendo cura in primo luogo del bene comune[214].

---

[214] *Gaudium et spes Costituzione pastorale La Chiesa nel mondo contemporaneo 43, (in), Tutti i documenti del Concilio Vaticano II, op. cit.,* p. 625.

Il classismo nel pensiero
di
don Lorenzo Milani

Don Lorenzo incentivò con mirabile maestria tutte le accuse di politicizzazione che gli vennero mosse. La strada dell'imprudenza fu per lui una scelta obbligata dal tempo e dalle condizioni storico-culturali in cui si trovò ad operare. Scelta di classe, scuola classista, sono provocazioni che il priore adotta, per spezzare un equilibrio culturale e sociale entro cui quel *reverso de la historia*, di cui parla Bruno Forte, viene ammortizzato senza conflitti e senza lacerazioni.

Don Lorenzo ha chiara consapevolezza del fatto che, senza conflitti e lacerazioni, non è possibile risvegliare la coscienza, non solo degli oppressi ma anche degli oppressori. E quei conflitti e quelle lacerazioni alimenta opportunamente sul piano eminentemente dialettico.

Il concetto di classe di don Lorenzo non ha nulla in comune col concetto marxiano, né con quello decisamente più sociologico di Weber. Per Marx l'appartenenza alla classe sociale è ambivalente, deriva cioè da due precisi fattori: dall'identità di relazione rispetto ai mezzi di produzione materiale e alla sovrastruttura politica e culturale che ne deriva, che definisce la categoria della classe in sé; dalla presa di coscienza della condizione di classe sfruttata, da cui ne derivano un ruolo ed una funzione all'interno della dialettica materialistica della lotta di classe.

Max Weber, pur non contraddicendo in nessun punto lo schema interpretativo di classe sociale di Marx, lo allarga a fattori non strettamente economici, quali quelli culturali, accentuando il ruolo dello stile di vita quale linea di demarcazione tra i vari ceti sociali.

Don Lorenzo usa il termine classe sociale in un'accezione chiaramente etica. Scrive, infatti, in Esperienze pastorali:

Ma la povertà dei poveri non si misura a pane, a casa, a caldo. Si misura sul grado di cultura e sulla funzione sociale. [...]. La distinzione in classi sociali non si può dunque fare sull'imponibile catastale ma su valori culturali[215].

---

[215] Don Lorenzo Milani, *op. cit.*, 209.

Per il priore non è dalla sfera delle contraddizioni economiche che può nascere la spinta al cambiamento sociale, che porterà i poveri a diventare classe dirigente del paese. Per questo, che egli considera il compito storico, è necessaria una scuola di classe:

ordinare le nostre scuole parrocchiali con criteri rigidamente classisti[216].

Don Lorenzo, dopo aver definito in termini etici e culturali il concetto di classe sociale, individua lo strumento del cambiamento sociale: la scuola. La cultura, più specificatamente la padronanza della lingua e del lessico, è per il priore lo strumento della rivoluzione sociale che egli auspica. Che, dunque, lo ribadiamo, prima ancora che sociale, è rivoluzione culturale.

Che non sia possibile accusarlo di essere comunista o marxista, è dunque, dimostrato dalla distanza che lo separa dal pensiero marxiano, sia nella dimensione teorica dell'idea di classe, sia in quella pratica dello strumento di liberazione, che per Marx è la lotta di classe intesa in senso politico e militare. Se proprio vogliamo far incontrare Marx e don Milani, è sul terreno della filosofia della storia che potremmo farlo. Marx, infatti, è tra i pensatori che hanno preteso di inquadrare i fatti e gli avvenimenti storici entro un finalismo tutto interno alla storia. E la storia stessa si è assunta il compito di verificarne l'infondatezza. Concordiamo con l'assunto di Karl Löwith, il quale sostiene che Il Manifesto del partito comunista è al tempo stesso un messaggio escatologico e profetico. Escatologico, perché indica un fine, il regno della libertà, società comunistica senza classi, perché eliminate dalla vittoria del proletariato che elimina anche sé stessa come classe. Profetico, perché anticipa sul piano scientifico i meccanismi con i quali questo fine si raggiungerà, anticipando, in tal senso, la fine della storia.

In definitiva

Il materialismo storico è una storia della salvezza espressa nel linguaggio dell'economia politica[217].

---

[216] Ivi, p. 220.
[217] Karl Löwith, *Significato e fine della storia*, EST 198, p. 65.

Don Lorenzo, prete prima ancora che maestro, ha una sua filosofia della storia, più precisamente una teologia della storia. Più precisamente una *teologia della storia* articolata su quattro fondamenti: il *peccato dell'uomo*

ho badato a accettare in silenzio perché volevo pagare i miei debiti con Dio, quelli che voi non conoscete[218],

la *chiamata di fede* attraverso l'intenzione redentrice di Cristo, che perdona il peccato mediante la Sua Chiesa

Noi la Chiesa non la lasceremo mai perché non possiamo vivere senza i suoi Sacramenti e senza il suo Insegnamento[219];

la *storia tempo dell'esodo e della prova*:

Pipetta, fratello, quando per ogni tua miseria io patirò due miserie, quando per ogni tua sconfitta io patirò due sconfitte, Pipetta quel giorno, lascia che te lo dica subito, io non ti dirò più come dico ora: "Hai ragione". Quel giorno finalmente potrò riaprire la bocca all'unico grido di vittoria degno d'un sacerdote di Cristo: "Pipetta hai torto. Beati i poveri perché il Regno dei Cieli è loro[220].

il *compimento della storia*: il ritorno alla casa del Padre:

Caro Michele, caro Francuccio, cari ragazzi,
non è vero che non ho debiti verso di voi. L'ho scritto per dar forza al discorso! Ho voluto più bene a voi che a Dio, ma ho speranza che lui non stia attento a queste sottigliezze e abbia scritto tutto sul suo conto[221].

Pensiamo che la teologia della storia di don Lorenzo Milani non sia dissimile dalla concezione del già citato Jacques Maritain di Umanesimo integrale:

---

[218] *Lettera all'arcivescovo di Firenze E. Florit,* (in) *Lettere di don Lorenzo Milani, op. cit.,* p. 188.

[219] *Lettera a Nicola Pistilli,* (in), Lettere di don Lorenzo Milani, *op. cit.,* p. 120.

[220] *Lettera a un giovane comunista di San Donato,* (in) *Lettere di don Lorenzo Milani, op. cit.,* pp. 20.

[221] *Testamento,* (in), Lettere di don Lorenzo Milani, *op. cit.,* p. 284.

crediamo che nell'attesa dell'al di là della storia, ove il Regno di Dio sarà compiuto nella gloria della piena manifestazione, la Chiesa è già il Regno di Dio nell'ordine detto spirituale e allo stato pellegrinale e crocifisso; e

che il mondo, l'ordine detto temporale, questo mondo racchiuso nella storia, è un dominio diviso è ambiguo - insieme di Dio, dell'uomo e del "principe di questo mondo".

La Chiesa è santa, il mondo non è santo; ma il mondo è salvato in speranza e il sangue di Cristo, il principe vivificatore della Redenzione, vi agisce già; un'opera divina e nascosta vi si persegue nella storia e a ogni età di civiltà, sotto ogni "cielo storico", il cristiano deve lavorare a una realizzazione proporzionata (attendendo la realizzazione definitiva del Vangelo, che è per dono il tempo) a una realizzazione delle esigenze evangeliche e della saggezza pratica cristiana nell'ordine sociale-temporale[222];

Alla realizzazione delle esigenze evangeliche e della saggezza pratica cristiana nell'ordine sociale-temporale don Lorenzo Milani dedicò tutta la sua vita terrena, avendo sempre ben presente la distinzione maritaniana tra Regno di Dio e città temporale, intesa quest'ultima nel senso maritaniano come

il luogo d'una vita terrena veramente e pienamente umana, cioè piena certamente di debolezze, ma anche piena d'amore, le cui strutture sociali abbiano come misura la giustizia, la dignità della persona umana, l'amore fraterno e che pertanto prepara l'avvento del regno di Dio in modo filiale, non servile, cioè mediante il bene che fruttifica in bene, non mediante il male che, pur andando verso il proprio luogo, serve al bene come mediante violenza[223].

Don Lorenzo Milani muore a Firenze il 26 giugno del 1967. Ciò che resta delle sue spoglie è conservato nel piccolo cimitero di Barbiana.

---

[222] Jacques Maritain, *op. cit.*, pp. 163-164.
[223] Ivi, p. 162.

Bibliografia.

AA. VV.	*I nuovi programmi della scuola media inferiore*	Editori Riuniti
Agnello Leone	*La struttura polisemica del discorso pedagogico*	Sfameni Editore
Agresta Salvatore	*L'istruzione in Sicilia*	Samperi Messina
Balducci Ernesto	*L'insegnamento di don Lorenzo Milani*	Laterza
Buoro Sandro	*La scuola e tempo pieno*	Editori Riuniti
Cammisuli Santo	*Fede, coraggio e azione*	Edizioni Pegaso
Canestrari Giorgio	*Centoventanni di storia della scuola*	Editori Laterza
Carfora Anna Tanzarella Sergio	*Il cristiano tra potere e mondanità*	il pozzo di giacobbe
Catalfamo Giuseppe	*La filosofia contemporanea dell'educazione*	Angelo Signorelli
Documenti del Processo di don Milani	*L'obbedienza non è più una virtù*	LEF
Documentio CEI	*La comunità cristiana e l'università oggi in Italia*	Quotidiano "L'Avvenire"
Dominici Gaetano	*Manuale dell'orientamento e della didattica modulare*	Editrice La Scuola
Papa Francesco	*Evangelii Gaudium*	EDB
Fiorani Liana	*Don Milani tra storia ed attualità*	LEF
Forte Bruno	*Dove va il cristianesimo?*	San Paolo
Frabboni Franco	*Manuale di pedagogia generale*	Laterza
Gesualdi Michele	*Lettere di don Lorenzo Milani*	Mondadori
Giovanni Paolo II	*Enciclica Fides et Ratio*	Editrice Vaticana

Giovanni XXIII	*Enciclica Mater et Magistra*	Edizioni Paoline
Laneve Cosimo	*Elementi di didattica generale*	Laterza
Löwith Karl	*Significato e fine della storia*	Est
Martini Carlo Maria	*Orizzonti e limiti della scienza*	Cortina Editore
Matitain Jacques	*Educazione al bivio*	Editrice La Scuola
Matitain Jacques	*Umanesimo Integrale*	Borla
Milani Lorenzo	*Esperienze Pastorali*	LEF
Minerva Franca Pinto	*Manuale di pedagogia generale*	
P. R. Iannarone	*Tutti i documenti del Concilio Ecumenico Vaticano II*	Edizioni Domenicane
Piva Lorenzo	*Giorgio La Pira*	San Paolo
Rahner Karl	*Dimensioni politiche del Cristianesimo*	Città Nuova
Scuola di Barbiana	*Lettera ad una professoressa*	LEF
Smeriglio Letterio	*Personalità e diversità*	Sapignoli Editore

 *Sebastiano (Nello) Lupo* è nato a Pachino il tre gennaio 1951. Si è laureato in Scienze dell'Educazione presso la Facoltà di Scienze della Formazione dell'Università di Messina. Ha conseguito la laurea in Neuropsicologia e recupero funzionale nell'arco di vita presso la Facoltà di Psicologia dell'Università di Bologna. È specializzato in Psicoterapia ad indirizzo cognitivo-comportamentale. I suoi interessi scientifici spaziano dalla ricerca filosofico-pedagogica con particolare riferimento al personalismo, all'epistemologia, alla neuropsicologia clinica, specificatamente ai temi della diagnosi e al trattamento dei disturbi neuropsicologici in life circle e dei disturbi dell'apprendimento scolastico. Esercita la libera professione di Psicoterapeuta, Neuropsicologo e Psicopedagogista. Ha al suo attivo otto pubblicazioni:

[1] [2001] *Don Lorenzo Milani prete e maestro*, prima edizione, Libreria Editrice Urso, Avola;

[2] [2009] *Complessità Pedagogia Educazione nel pensiero di Edgar Morin*, Edizioni la rondine Catanzaro;

[3] [2013] *Analisi della lesione e assessment neuropsicologico*, Edizioni Psiconline, Francavilla al Mare;

[4] [2015] *La dislessia evolutiva e i suoi trattamenti. Manuale per insegnanti, genitori e operatori*, Edizioni Psiconline;

[5] [2015] *Pachino l'altra storia. Le ragioni di un ritardo.* Volume primo Dalla Fondazione alla Grande Guerra, Morrone Editore, Siracusa;

[6] [2016] *Promontorium Pachyni dalle leggende alla storia. Volume primo Dal Paleolitico alla Fondazione*, Morrone Editore;

[7] [2017] *Neuropsicologia e Disturbi di personalità*, Edizioni Psiconline, Francavilla al Mare;

[8] [2017] *Promontorium Pachyni Incontro con la storia Terzo volume Il Novecento*, Morrone Editore Siracusa.